Ingrid Gessner

Liebenswerte Stoffmarionetten

Ingrid Gessner

Liebenswerte Stoffmarionetten

Schritt-für-Schritt-Anleitungen

Aufhängetechnik

Schnittvorlagen

Augustus Verlag

Inhalt

Der Puppenkörper 6
Material und Werkzeug 6
Vorarbeiten 7
Der Marionettenkopf 8
Gestaltung des Gesichts 14
Der Marionettenkörper 20
Zuschneiden und Nähen der Kleidung ... 22

Die Marionetten 24
Max, der Fischer 26
Marijke, die Holländerin 28
Peppina, das Clownmädchen 32
Pepe, der Clown 34
Wurzel, der Zwerg 36
Aladin mit der Wunderlampe 38
Pippilotta 40
Vincent, der Maler 42
Berthold, der Zimmermeister 44
Till 46

Befestigung der Marionette am Spielkreuz 50

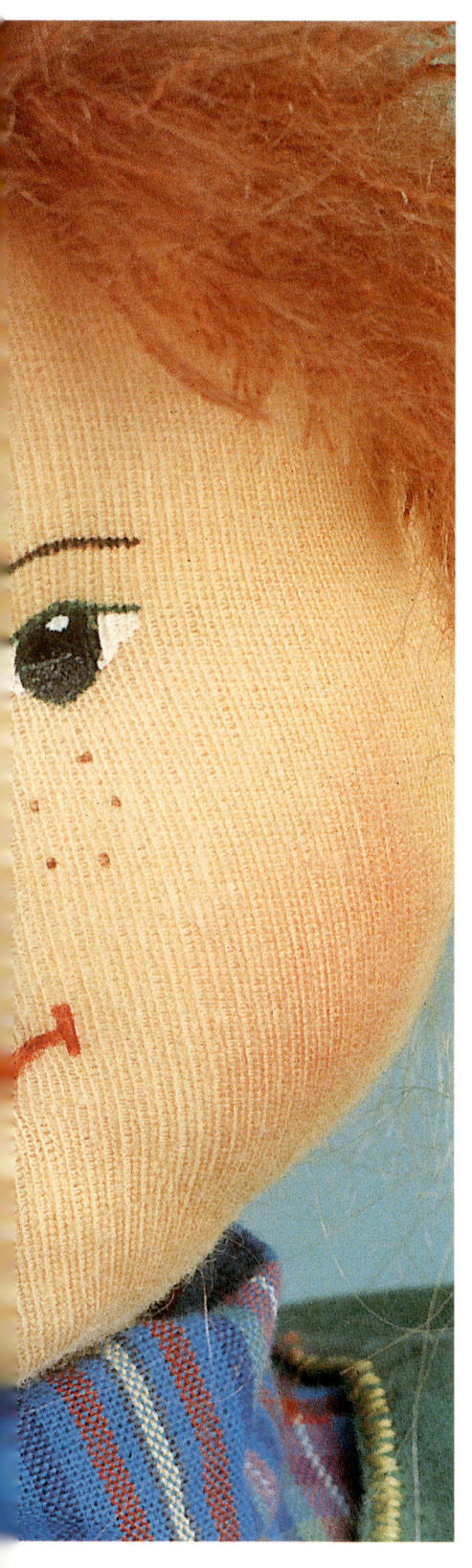

Vorwort

Elf Jahre ist es her, da wollte ich ein Puppenpärchen erwerben – leider war es unverkäuflich! Wenn ich solche Puppen haben wollte, mußte ich sie selbst herstellen. So landete ich, nach gutem Zureden meines Mannes, in einem Puppenbastelkurs. Meine erste Stoffpuppe entstand – »Nie wieder!« dachte ich. Der Kurs umfaßte jedoch die Herstellung von drei Puppen. Ich biß also die Zähne zusammen und werkelte weiter – und fand allmählich Freude an der ganzen Sache.

Die Resonanz bei meinem Mann und meinen Kindern Pitt und Maike spornte mich an, auch nach Ablauf des Kurses zu Hause die eine oder andere Puppe herzustellen. Der Umzug an den Niederrhein gab meiner Kreativität neue Impulse. Ich wollte etwas Eigenes schaffen, und so entstand aus der bekannten »Trikotpuppe nach Waldorfart« meine erste Marionette. Diese liebenswerte Figur, die in sich die ganze Vielfalt des Puppenmachens birgt, hatte es mir angetan.

Ich habe die Herstellungsweise immer wieder verbessert, bis schließlich die in diesem Buch beschriebene Technik ausgereift war. In zahlreichen Kursen, die ich in meinem vor vier Jahren in Rheinberg eröffneten Puppenladen abhalte, erfreuen sich gerade die Marionetten großer Beliebtheit. So kam ich dem vielfach geäußerten Wunsch nach, eine Arbeitsanleitung dazu zu schreiben.

Lassen auch Sie sich verzaubern von dem Reiz, den diese Marionetten in sich bergen. Tauchen Sie ein in das Gefühl, etwas zu schaffen, das durch Ihre individuelle Arbeitsweise ein absolutes Einzelstück ist. Keine Figur gleicht der anderen. Marionetten sind Puppen, die leben. Ihrer Kreativität sind keine Grenzen gesetzt.

Viel Spaß und gutes Gelingen wünscht Ihnen

*Ihre
Ingrid Gessner*

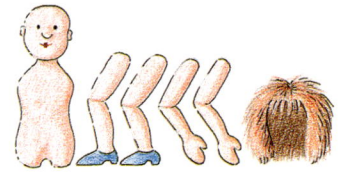

Der Puppenkörper

Material und Werkzeug

Das Grundmaterial zur Herstellung des Marionettenkörpers ist in einer Bastelpackung enthalten:

Trikotstoff für den Körper, 50 x 22 cm
Trikotstoff für den Kopf, 20 x 20 cm
Vlies, 400 g schwere Qualität, 130 x 15 cm
3 m Abbindegarn
50 cm Schlauchverband TG 5
ein 10 cm langer Rundstab, Durchmesser 20 mm
zwei 10 cm lange Rundstäbe, Durchmesser 10 mm
3 kleine Ringschrauben, Durchmesser 6 – 8 mm
biegsame Hand- und Beineinlagen für 60 cm große Puppen
200 g Füllwatte
reißfester Zwirn

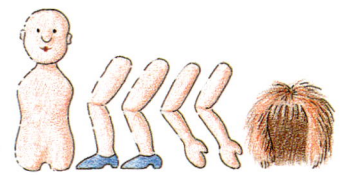

Vorarbeiten

An Werkzeug und Hilfsmitteln benötigen Sie eine Schere, ein Maßband, eine Häkelnadel (Größe 4 – 5), einen Kaffeelöffel, einen Phantomstift oder Schneiderkreide, hautfarbenes Maschinengarn, Kunststoffgranulat, Stoffmalfarben (rot, weiß, grün, blau oder braun), eine lange Augennadel sowie Näh- und Stecknadeln in verschiedenen Längen.

Nach den in diesem Buch vorhandenen Schnittmustern fertigen Sie sich Schablonen für Kopf und Körper an. Falten Sie den Stoff längs so zusammen, daß die rechten Stoffseiten aufeinanderliegen. Legen Sie die Schablonen auf den Trikotstoff. Mit dem Phantomstift oder der Schneiderkreide übertragen Sie die Konturen auf Ihren Stoff.

Nähen Sie die einzelnen Teile genau entlang der aufgezeichneten Linie. Beim Nähen von Maschenstoffen verwenden Sie für die Nähmaschine immer eine Jerseynadel. Die einzelnen Körperteile schneiden Sie erst nach dem Nähen knappkantig aus.

Außer der Bastelpackung wird Näh- und Bastelmaterial benötigt.

7

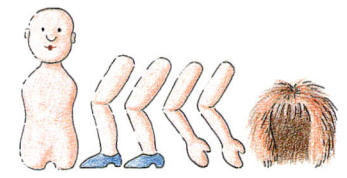

Der Marionettenkopf

In der Bastelpackung befindet sich ein 130 x 15 cm großer Vliesstreifen. Schneiden Sie den Streifen nach folgendem Schema auseinander:

50 cm
in zwei Lagen teilen
in zwei Lagen teilen

80 cm
in zwei Lagen teilen
ungeteilt

Außer einem 80 cm langen Stück werden alle Vliesstreifen in der Mitte in zwei Lagen auseinandergezogen. Der ungeteilte Streifen wird um das mit Klebstoff bestrichene dicke Rundholz gewickelt. Der aufgewickelte Streifen sollte einen Umfang von etwa 18 cm haben. Am unteren Ende müssen 1,5 cm des Rundholzes frei bleiben.

Das Ende des Vliesstreifens befestigen Sie mit ein paar Nähstichen, so daß sich die Rolle nicht mehr lösen kann. Dieses ist der Kern des Marionettenkopfes.

Genauso wird die zweite Lage um den Kopf gewickelt, nur zeigt diesmal die flauschige Seite nach außen. Das auf diese Weise entstandene eiförmige Gebilde soll auf der Augenlinie etwa 30 cm, auf der Kinnlinie etwa 34 cm Umfang haben. Das vorstehende Ende des Holzstabes (1,5 cm) muß frei bleiben.

Die verbleibenden 50 cm langen Vliesstreifen werden ebenfalls in der Mitte in zwei Lagen geteilt und sternförmig mit der festen Seite nach unten auf der Tischplatte übereinander gelegt, so daß sie sich genau in der Mitte kreuzen.

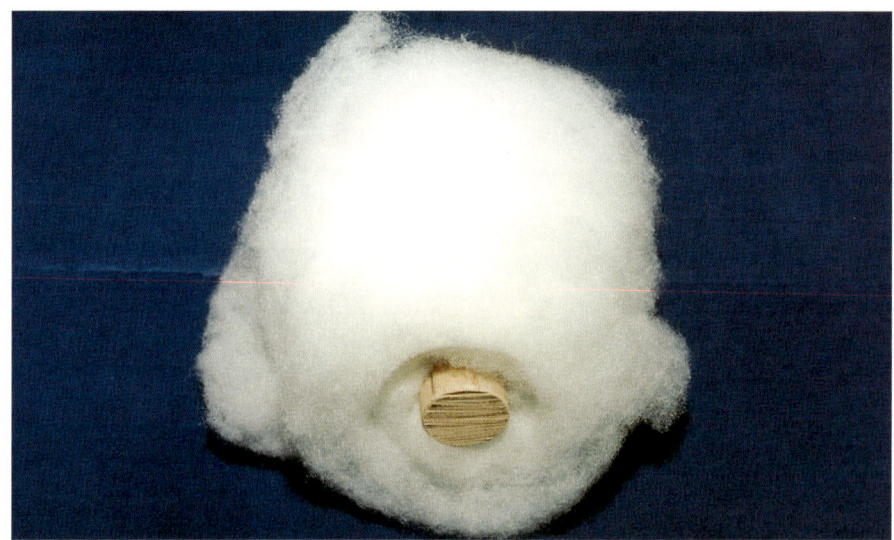

Das Ende des Rundstabes muß sichtbar bleiben.

Kopf in den Stern aus Vliesstreifen stellen.

Vliesstreifen um den Rundstab wickeln und mit ein paar Stichen befestigen.

Den zweiten 80 cm langen Streifen ziehen Sie in zwei Lagen auseinander.

Eine Lage wird so um den Kern des Kopfes gewickelt, daß ein eiförmiges Gebilde entsteht. Die feste Seite des Streifens weist dabei nach außen.

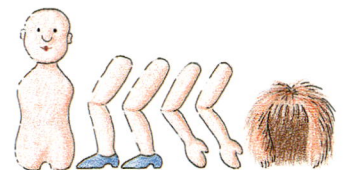

Der bereits gewickelte Teil des Kopfes wird so in den Stern hineingestellt, daß der Holzzapfen nach oben zeigt. Ziehen Sie jetzt alle Streifen des Sterns stramm nach oben und binden Sie sie auf dem Holzzapfen fest, so daß ein krakenförmiges Gebilde entsteht.

Streifen des „Krakens" auf dem Zapfen festbinden.

Ein Teil des Holzzapfens sollte weiterhin sichtbar bleiben. Die freien Enden der Vliesstreifen legen Sie nun nach oben stramm am Kopf an. Sie müssen gut festgenäht werden. Glätten Sie die noch sichtbaren Übergänge der einzelnen Vliesstreifen sorgfältig. Dies ist bei dem flauschigen Material ohne weiteres möglich.

Übergänge zwischen den einzelnen Vliesstreifen glätten.

Nehmen Sie nun den Schlauchverband und ziehen Sie ihn am oberen Ende zu.

Dazu fädeln Sie ein Stück reißfesten Zwirn in eine Nähnadel und nähen am oberen Rand des Schlauches mit Reihstichen durch den Stoff. Sie können so den Schlauch zusammenziehen und die Fadenenden mehrmals durch die geraffte Stelle hindurch vernähen. So erhalten Sie einen stabilen Abschluß.

Schlauchverband an einem Ende zusammenziehen, Fadenenden gut vernähen.

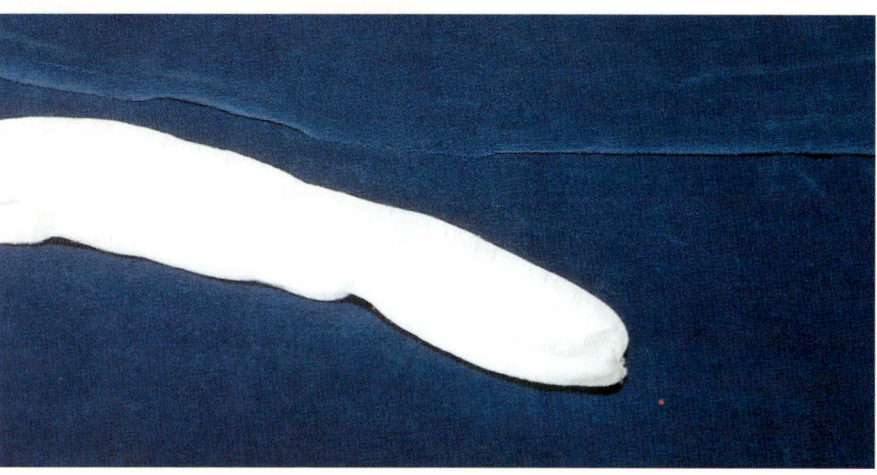

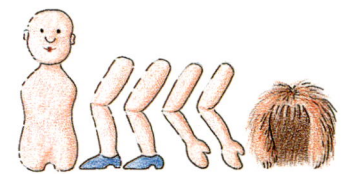

Schlauchverband über den Kopf ziehen und auf dem Zapfen abbinden.

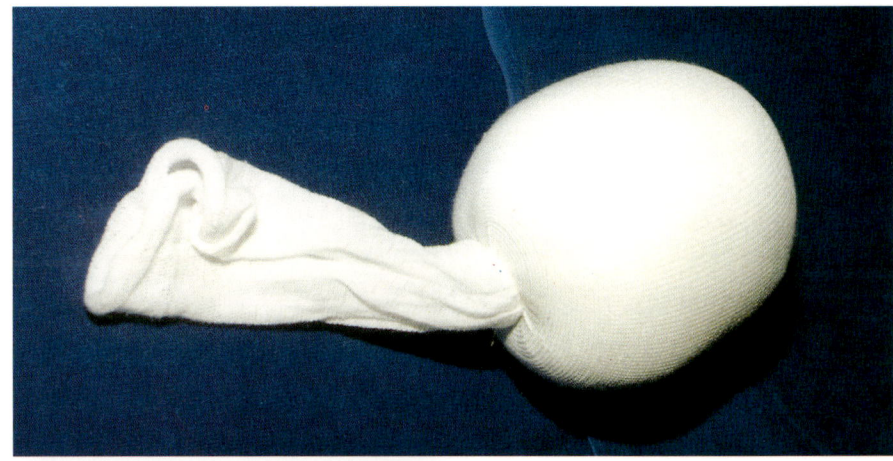

Wenden Sie den Schlauchverband und drücken Sie den Kopf so fest hinein, daß das abgenähte Ende des Schlauches nicht mehr abgehoben werden kann. Binden Sie den Schlauch mit reißfestem Zwirn fest auf dem Holzzapfen ab.

Das freie Ende des Schlauchverbandes wird wieder über den Kopf zurückgezogen und am Oberkopf gut angenäht.

Damit haben Sie den Rohbau des Kopfes fertiggestellt. Sein endgültiger Umfang hängt von Ihrer Arbeitsweise ab und kann von Puppe zu Puppe variieren.

Um dem Gesicht Konturen zu geben, schnüren Sie eine Augen- und eine Kinnlinie ein. Als Gesichtsseite suchen Sie sich die schönste Seite des Kopfes aus. Achten Sie darauf, daß sowohl die Wangenpartien gleichmäßig ausgeprägt sind als auch ein Profil vorhanden ist. Eine schräg abfallende Kopfseite sollte immer den Hinterkopf bilden, niemals die Gesichtsseite.

Die Seite, die Ihnen als Gesichtsseite geeignet erscheint, markieren Sie, indem Sie in die Mitte eine Stecknadel mit farbigem Kopf einstecken. Diese Nadel markiert die Höhe der Augenabschnürung.

Zum Abschnüren benötigen Sie etwa 150 cm reißfestes Garn, das Sie zu einer doppelten, L-förmigen Schlinge (Fischerknoten, siehe Zeichnung) legen. Sie beginnen links, halten etwa 20 cm Garn mit der linken Hand fest und legen mit der rechten

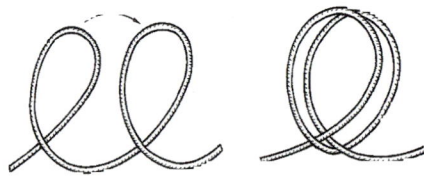

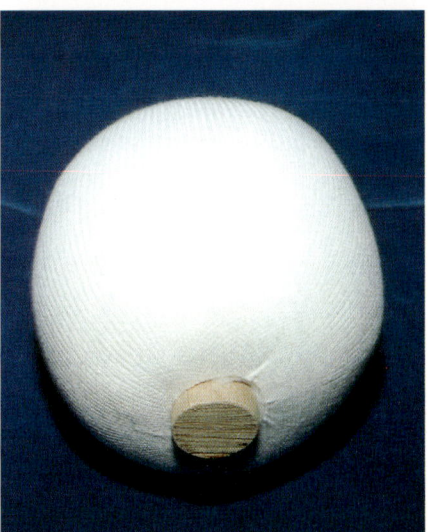

Freies Ende des Schlauchverbands über den Kopf zurückziehen und am Oberkopf vernähen.

Hand dicht nebeneinander zwei Schlingen. Dabei bewegen Sie Ihre Hand so, als ob Sie zwei kleine »l« schreiben wollten. Legen Sie dann die linke Schlinge auf die rechte.

Die beiden übereinanderliegenden Schlingen halten Sie am Kreuzungspunkt fest. Legen Sie sie so um den Marionettenkopf herum, daß die geschlossenen Seiten vorne an der Stecknadel liegen und der Kreuzungspunkt mit den Fadenenden sich am Hinterkopf befindet. Ziehen Sie die Fadenenden zunächst nur leicht an. Danach kontrollieren Sie die Lage des Fadens. Er muß gerade um den Kopf verlaufen und darf nicht nach oben oder nach unten abweichen.

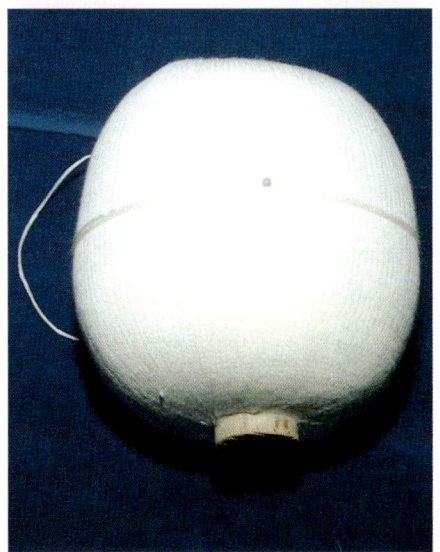

Schlinge für die Augenabschnürung um den Kopf legen.

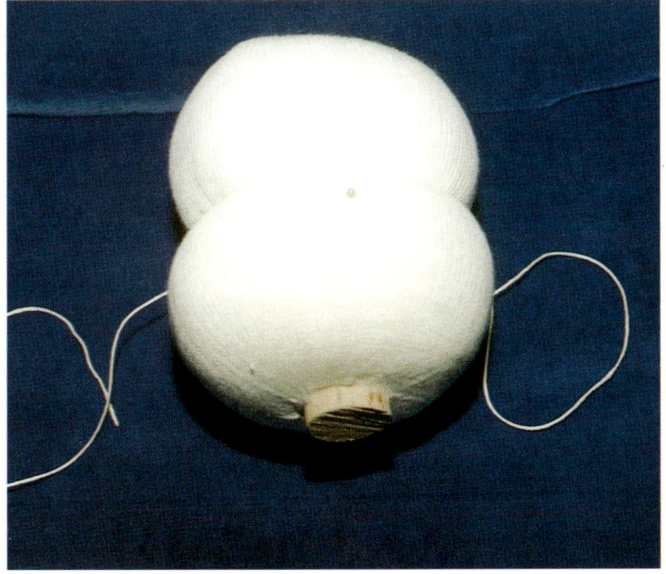

Nach dem Anziehen der Schlinge ist die Augenlinie deutlich sichtbar.

men, so fest Sie können. Verknoten Sie die Fadenenden einmal, ohne sie abzuschneiden.

Die Schlingen der Augen- und der Kinnlinie kreuzen sich im Bereich der Ohren. Diese Kreuzungspunkte müssen nun befestigt werden. Dazu legen Sie ein Fadenende vom Hinterkopf nach vorne und stechen mit der Häkelnadel unter dem Ohrkreuz durch, und zwar diagonal von vorne unten nach hinten oben.

Die Schlinge für die Kinnlinie liegt unten vor dem Rundstab und verläuft an den Seiten nach oben.

Zum Befestigen der Kreuzungspunkte ein Fadenende als Schlinge unter dem Ohrkreuz durchziehen.

Wenn Ihre Schlinge die richtige Lage hat, ziehen Sie die beiden Fadenenden nach rechts und nach links fest an. Haben Sie die Schlinge richtig gelegt, dann löst sich der Knoten nicht, und die Einschnürung der Augenlinie wird deutlich sichtbar. Sicherheitshalber verknoten Sie die Fadenenden auf der Rückseite einmal. Schneiden Sie die Enden aber nicht ab, denn sie werden weiterverarbeitet.

Auf die gleiche Weise bereiten Sie einen ebenfalls 150 cm langen Faden für die Kinnlinie vor. Die Schlingen werden vor dem Rundholz am Kinn entlang und an den Seiten nach oben verlegt, so daß die Fadenenden am Oberkopf liegen. Ziehen Sie auch diese Schlinge zunächst nur leicht fest.

Um der Wangenpartie mehr Volumen zu geben, schieben Sie die Abbindefäden im Wangenbereich etwas weiter nach hinten. Danach ziehen Sie die Schlinge zusam-

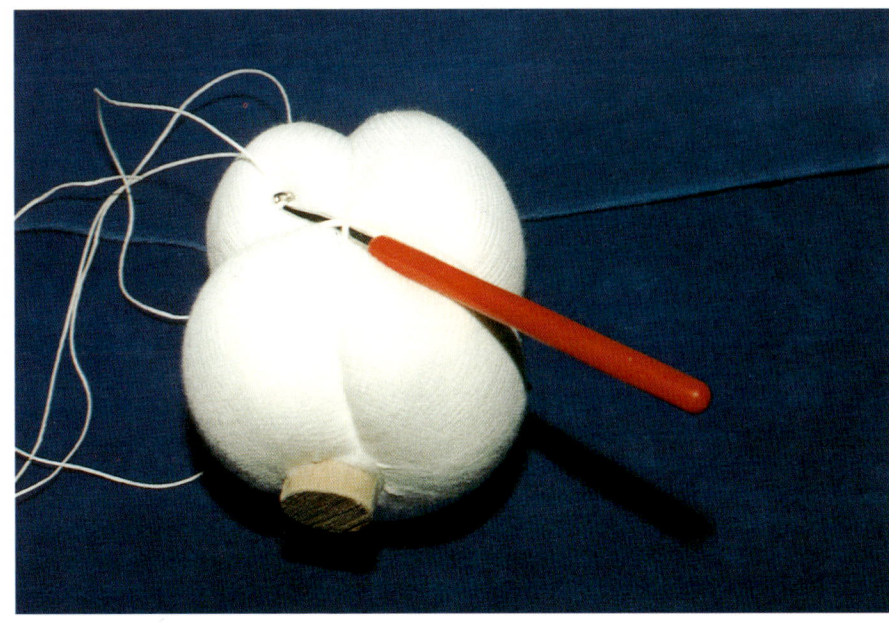

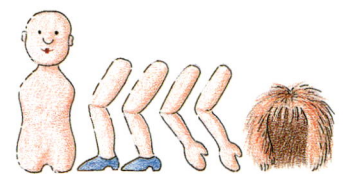

Fassen Sie ein Fadenende vom Hinterkopf und ziehen Sie eine Schlinge nach vorne. Durch diese Schlinge ziehen Sie das Fadenende nach vorne durch. Dadurch entsteht ein Knoten auf dem Ohrkreuz.

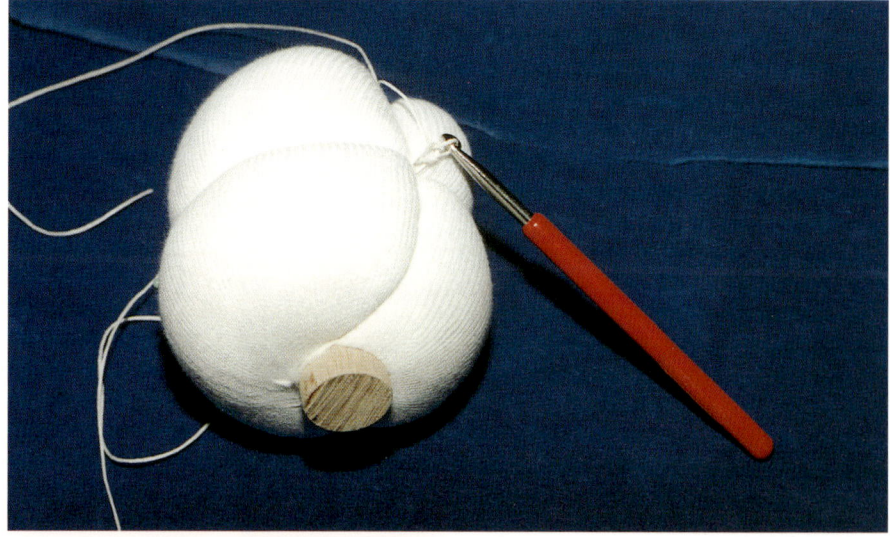

Das Fadenende durch die Schlinge nach vorne ziehen und den Knoten auf dem Ohrkreuz fest anziehen.

Diesen Knoten ziehen Sie fest an. Mit dem zweiten Fadenende verfahren Sie an der gegenüberliegenden Seite genauso. Nun befindet sich an jedem Ohrkreuz ein Knoten mit einem losen Fadenende.

Diese losen Fadenenden ziehen Sie stramm zum Oberkopf, wo sie verknotet werden. Am Oberkopf befinden sich nun also vier Fadenenden, von denen zwei im oberen Teil des Hinterkopfes vernäht werden.

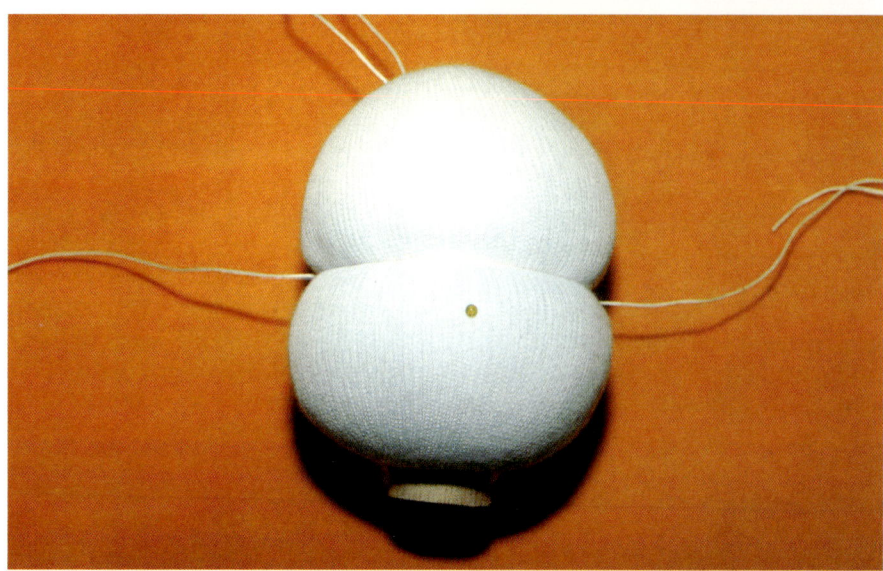

Zwei lose Fadenenden am Oberkopf und jeweils eines an den beiden Ohrkreuzen.

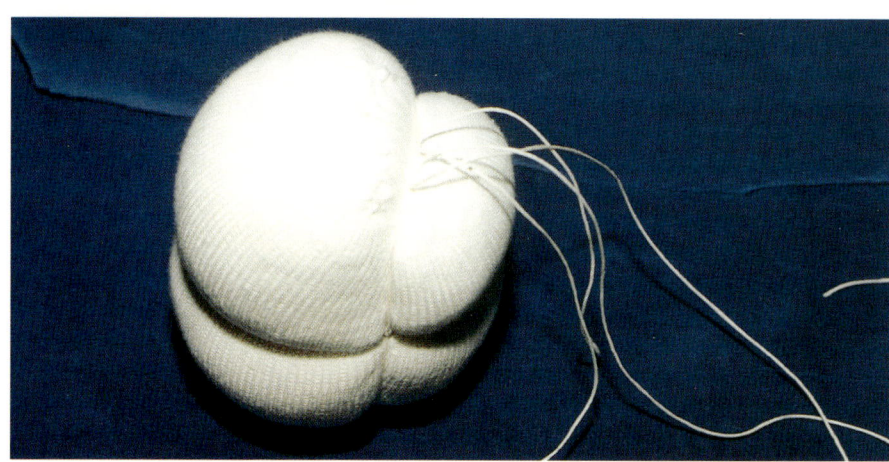

Fadenenden von den Ohrkreuzen zum Oberkopf ziehen und verknoten.

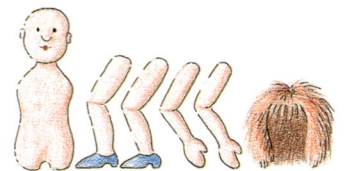

Mit den beiden noch freien Fadenenden wird die seitliche Einschnürung bis zu den Ohrkreuzen geschlossen. Wenn Sie dabei mit verzogenen Stichen (Matratzenstich; siehe Zeichnung) arbeiten, bleibt die Naht

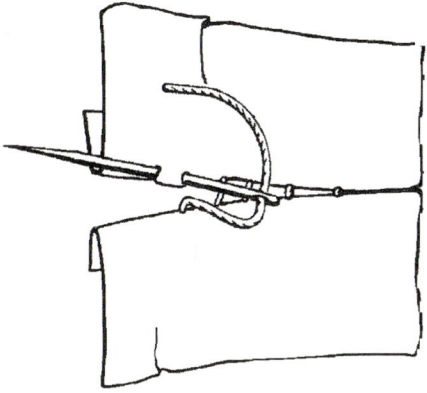

weitgehend unsichtbar, und die Rinne läßt sich nahezu übergangslos schließen.

Beim verzogenen Stich wird das Fadenende mit einer Nähnadel parallel zu der Einschnürung abwechselnd links und rechts jeweils etwa 1 cm lang durch den Stoff geführt. Auf diese Weise werden beide Seiten zusammengezogen, und es entsteht ein glatter Oberkopf.

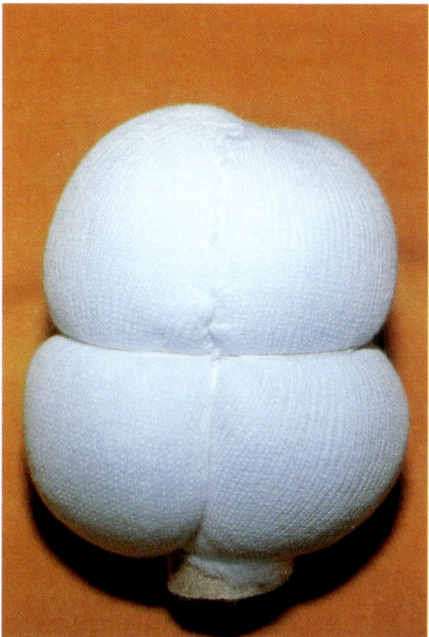

Damit Ihre Marionette einen ebenmäßig geformten Hinterkopf erhält, müssen Sie die störende Einschnürung am Hinterkopf beseitigen. Dazu verwenden Sie den Löffelstiel eines Kaffeelöffels, mit dem Sie die Schlinge nach unten hebeln.

Damit sind die groben Umrisse des Kopfes festgelegt.

Seitliche Einschnürung am Oberkopf bis zu den Ohrkreuzen mit verzogenen Stichen vernähen.

Schlinge am Hinterkopf mit dem Stiel eines Kaffeelöffels nach unten hebeln.

Grobe Umrisse des Kopfes sind fertig.

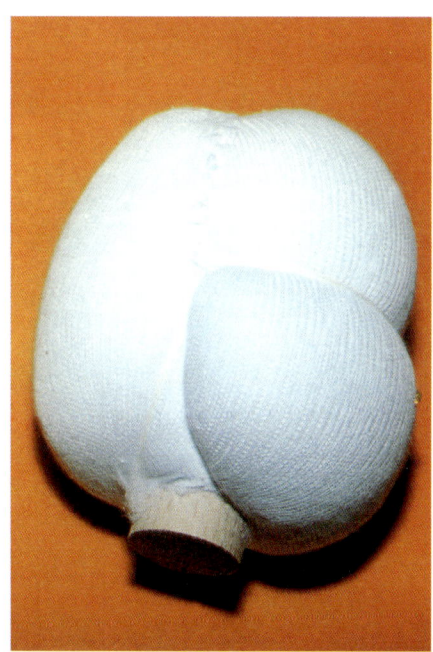

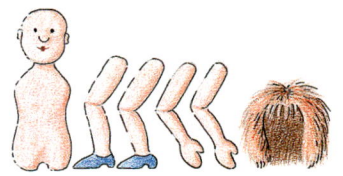

Gestaltung des Gesichts

Bevor Sie damit beginnen, das Gesicht zu gestalten, müssen Sie sich überlegt haben, welche Marionette Sie herstellen möchten. Wenn es ein Clown, ein Zwerg oder ein Kasper werden soll, gestalten Sie die Nase später, da sie ausgeprägter sein muß als bei anderen Figuren.

Bei Gesichtern mit normal großer Nase wird zuerst die Nase herausgearbeitet. Je nach Größe des Kopfes stecken Sie etwa 1–1,5 cm unterhalb der Augenlinie in die Mitte des Gesichts eine Stecknadel mit farbigem Kopf. Achten Sie darauf, genau die Mitte zu treffen, da diese Markierung den Mittelpunkt der Nase bildet. Bei einer Nase, die auch nur leicht außerhalb der Mitte liegt, erhält das ganze Gesicht ein schiefes Aussehen.

Mit einer stabilen Nadel arbeiten Sie um die Stecknadel herum eine Erhebung heraus, indem Sie das Füllmaterial so nach außen drücken, daß eine Beule entsteht.

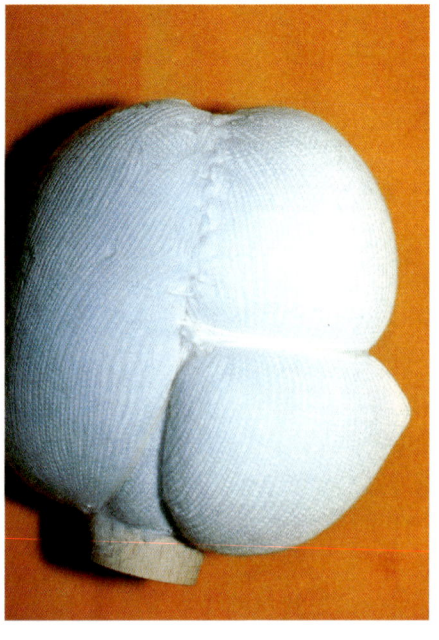

Mit einer Nadel Füllmaterial nach außen drücken, damit die Erhebung für die Nase entsteht.

Danach können Sie die Stecknadel entfernen. Die Beule sollte sich etwa 0,5 cm vom Gesicht abheben. Mit reißfestem Zwirn und einer dünnen Nähnadel umstechen Sie die Beule kreisförmig mit kleinen Reihstichen. Die von den Reihstichen eingefaßte Fläche sollte etwa die Größe eines Zehnpfennigstücks haben.

Je größer Sie den Kreis stechen, desto größer wird später die Nase. Die freien Enden Ihres Fadens schneiden Sie nicht ab. Sie werden einmal miteinander verknotet und dann fest zusammengezogen, so daß die Beule deutlich hervortritt und als Nase erkennbar wird.

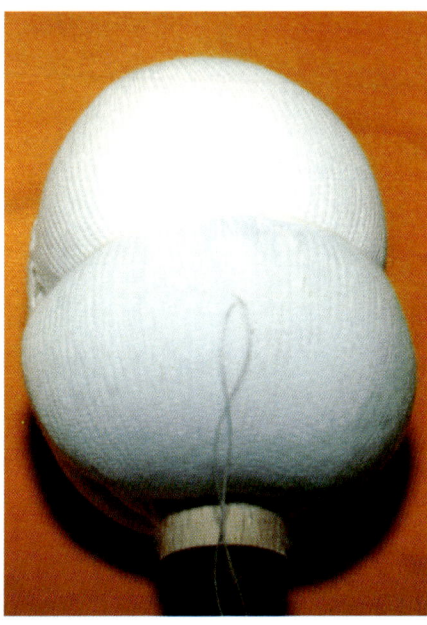

Beule kreisförmig mit Reihstichen umstechen.

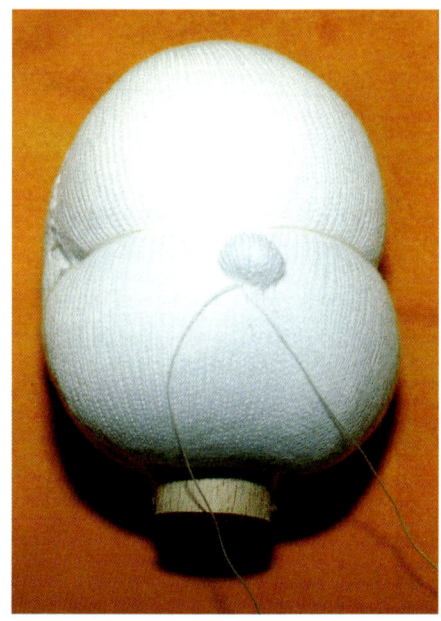

Reihfaden einmal verknoten und dann zusammenziehen, um die Nase deutlich hervortreten zu lassen.

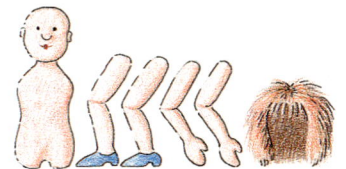

Die beiden Enden werden fest miteinander verknotet und unsichtbar im Gesicht vernäht.

Die Nase bildet den Orientierungspunkt für die Gestaltung des Mundes und der Augen. Es ist daher wichtig, daß sie genau die Mitte des Gesichts bildet.

Im nächsten Schritt arbeiten Sie die Wangenpartien heraus. Dazu ziehen Sie mit einer Nähnadel ein Stück reißfestes Garn unter der Nase etwa 1 cm breit hindurch.

Entfernen Sie die Nadel und führen Sie die beiden Enden Ihres Fadens rechts und links an dem Holzzapfen des Halses vorbei nach hinten. Ziehen Sie den Faden fest an und verknoten Sie ihn hinter dem Holzzapfen. Anschließend werden die Enden sorgfältig im Hinterkopf vernäht.

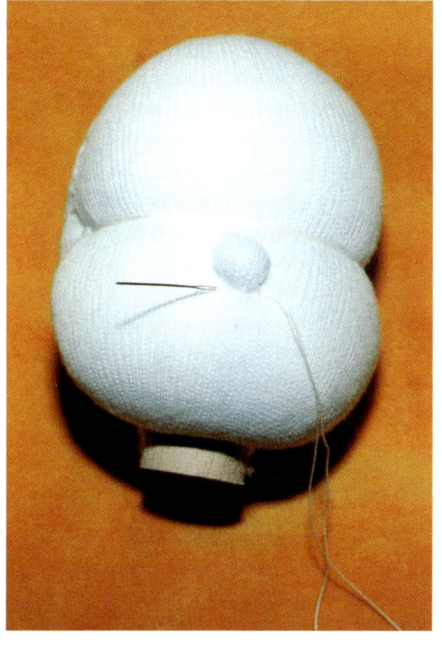

Reißfestes Garn etwa 1 cm unter der Nase durchziehen.

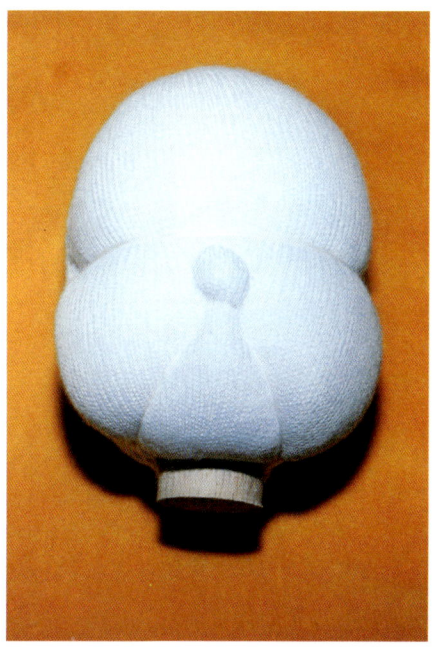

Lose Enden des reißfesten Garns am Hals vorbei nach hinten führen, fest anziehen und verknoten.

Die Wangenpartien treten nun deutlich hervor.

Etwa 1–1,5 cm unterhalb der Nase wird der Mund angelegt. Wie groß Sie den Mund gestalten, bleibt Ihnen überlassen. Fädeln Sie weißes Baumwollgarn oder Stickgarn in eine Nadel und stechen Sie sechs Spannstiche quer unterhalb der Nase. Die Breite der Spannstiche sollte nicht über die Wangeneinschnürung hinausgehen.

Jeweils drei Spannstiche werden nun mit Knopflochstich umnäht, so daß der Mund eine Ober- und eine Unterlippe erhält. Bei diesem Arbeitsgang legen Sie fest, ob der Mund offen ist oder geschlossen bleibt. Anfang und Ende Ihres Fadens müssen Sie wieder sorgfältig und unsichtbar vernähen.

Die Spannstiche für den Mund sollten nicht über die Wangeneinschnürung hinausgehen.

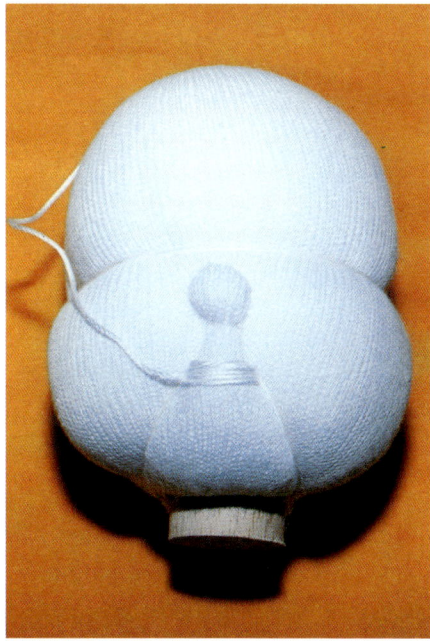

Als Ober- und Unterlippe jeweils drei Spannstiche mit Knopflochstich umnähen.

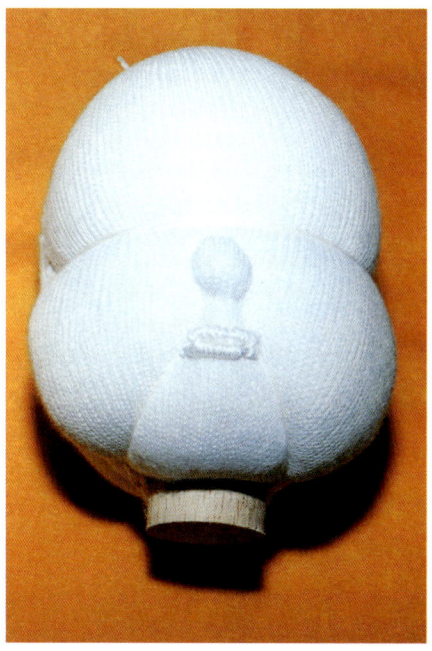

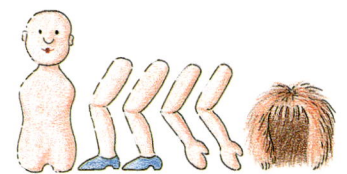

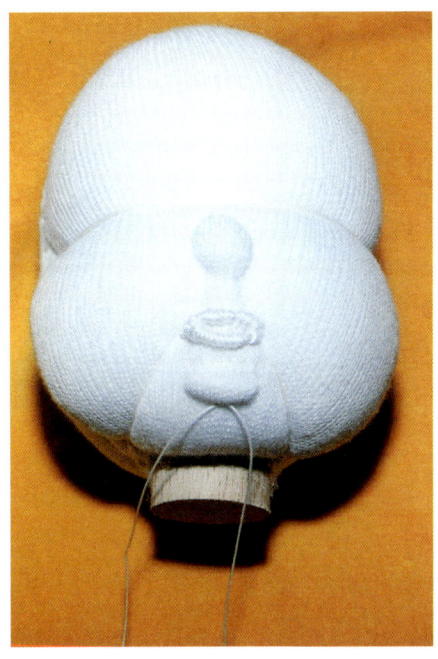

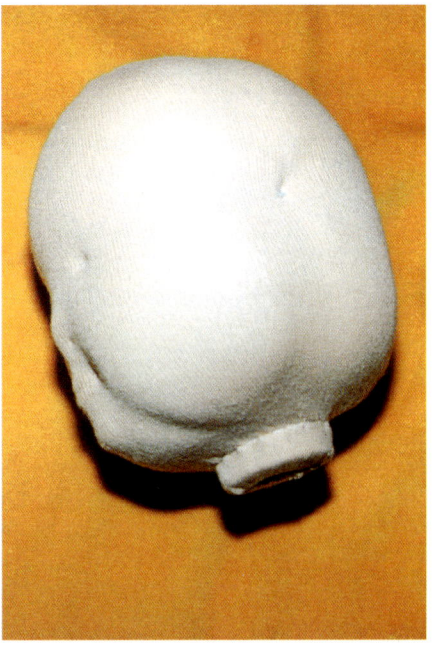

Ähnlich wie die Nase arbeiten Sie das Kinn heraus. Es sollte etwa die Breite des Mundes haben. Die mit Reihstichen umstochene Fläche ist jedoch beim Kinn nicht kreisförmig, sondern oval. Auch die freien Enden des Kinnfadens werden unsichtbar vernäht.

Falls Sie nun noch Stecknadeln im Marionettenkopf stecken haben, entfernen Sie diese und streifen den bereits genähten Trikotstoff für das Gesicht über. Das geschieht von unten nach oben, und zwar so, daß die Naht am Hinterkopf verläuft. Binden Sie zunächst den Hals auf dem Holzzapfen ab. Der Trikotstoff sollte den Holzzapfen gut bedecken.

Das Kinn wird oval mit Reihstichen umstochen und wie die Nase herausgearbeitet.

Nach dem Überziehen des Gesichtstrikots den Maschenverlauf im Gesicht prüfen: Die Maschen müssen senkrecht laufen.

Den Trikotstoff unter dem Zapfen so zusammenziehen, daß nur noch eine kleine Öffnung für die Ringschraube frei bleibt.

Die Lage von Augen, Nasenlöchern und Mundwinkeln mit Stecknadeln markieren.

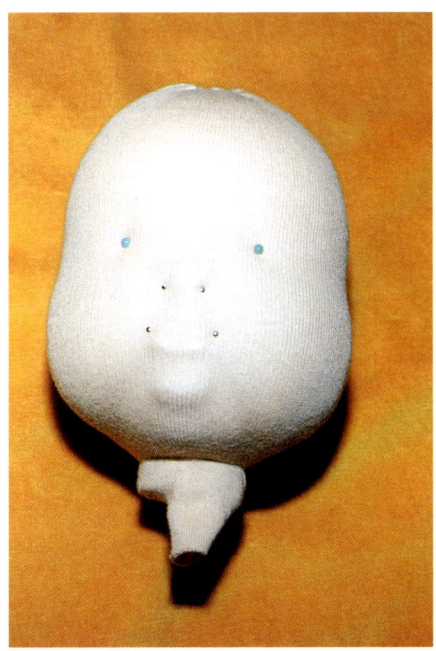

Kontrollieren Sie den Verlauf der Maschen im Gesicht. Der Trikotstoff darf nicht verdreht sein, sondern die Maschen müssen senkrecht verlaufen. Ziehen Sie den Stoff stramm nach oben und nähen Sie ihn am Oberkopf fest. Die Abbindestelle am Hals wird mit hautfarbenem Garn unsichtbar mit verzogenen Stichen vernäht. Am unteren Ende des Holzzapfens ziehen Sie den Trikotstoff zusammen, so daß nur noch eine Öffnung für die Ringschraube frei bleibt, die später den Kopf mit dem Marionettenkörper verbindet.

Markieren Sie mit zwei farbigen Stecknadeln die Augen genau in der eingeschnürten Augenlinie. Sie müssen gleichmäßigen Abstand zur Nase haben. Nasenlöcher und Mundwinkel werden mit Stecknadeln ohne farbigen Kopf markiert.

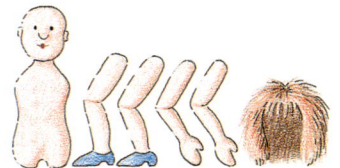

Reißfeste Fäden für Augen, Nasenlöcher und Mundwinkel mit einer langen Nähnadel durch den Kopf führen.

Ziehen Sie nun von einem Ohrkreuz zum anderen für Augen, Nase und Mund je einen reißfesten Faden durch den Kopf. Dazu benötigen Sie eine lange Nähnadel. Die Fäden dürfen nur an den markierten Stellen für Augen, Nasenlöcher und Mundwinkel sichtbar sein. An den Augen wird der Faden über jeweils drei Maschen geführt, an den Nasenlöchern und Mundwinkeln über je eine Masche.

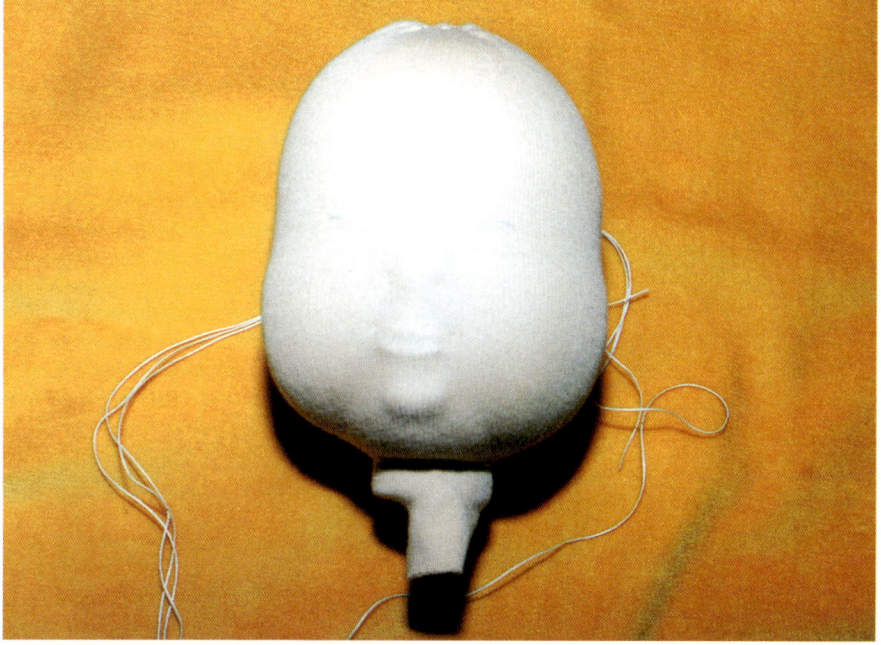

Die Fäden auf einer Seite miteinander verknoten und Augen- und Mundfaden fest, Nasenfaden nur leicht anziehen.

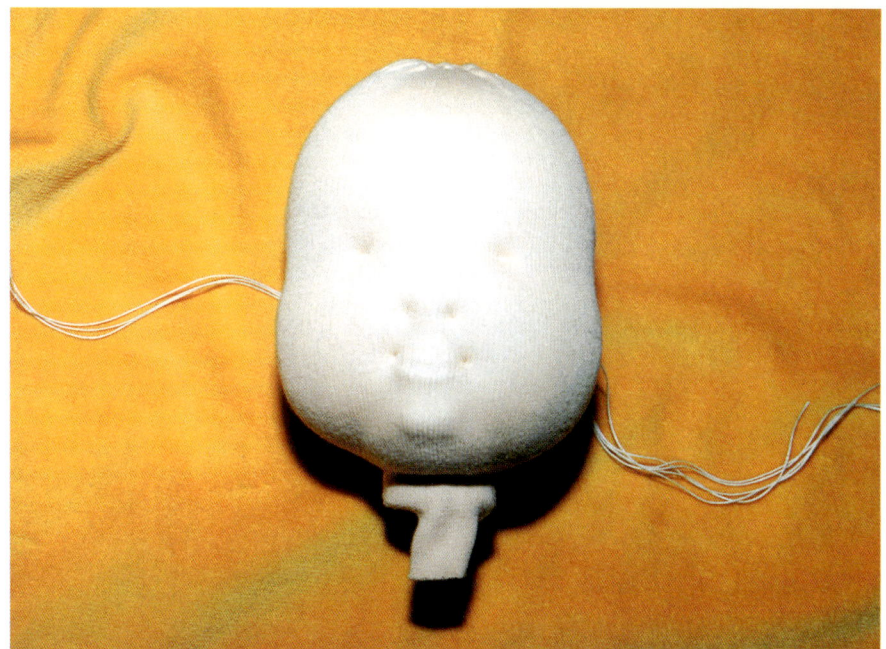

Auf einer Seite des Kopfes verknoten Sie die drei Fäden fest miteinander. Auf der anderen Seite ziehen Sie den Augen- und den Mundfaden fest an, den Nasenfaden nur leicht. Dann verknoten Sie auch hier die Fadenenden miteinander. Vernähen Sie sie sorgfältig im Hinterkopf. Auf diese Weise erhält das Gesicht seine Konturen.

Soll Ihre Marionette eine große Nasen erhalten, setzen Sie diese nun von außen auf. Dazu formen Sie eine Nase in der gewünschten Größe aus Watte oder Vlies. Zum Bespannen wählen Sie roten Nicki- oder Trikotstoff. Die Nase wird dann mit verzogenen Stichen unsichtbar im Gesicht festgenäht.

Besonders gestaltete Nasen jetzt annähen.

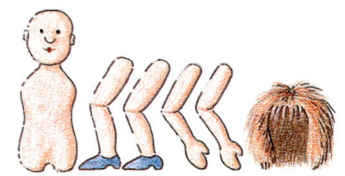

Farbe für die Augen satt auftragen.

Linien für Oberlider und Augenbrauen mit einem dünnen Stift ziehen.

Das Gesicht kann jetzt mit Stoffarben bemalt werden. Dabei erhält es seinen endgültigen Gesichtsausdruck. Mit etwas Übung wird es Ihnen gelingen, Ihrer Marionette je nach gewünschtem Typ einen frechen, braven oder pfiffigen Ausdruck zu verleihen.

Beginnen Sie beim Bemalen des Stoffes mit der Augenpartie. Auf dem eingezogenen Augenfaden malen Sie, je nach Wunsch, mit blauer, brauner oder grüner Farbe die Pupillen auf. Tragen Sie die Farben satt auf, z. B. mit dem Kopf einer Stecknadel.

Tauchen Sie einen spitzen Gegenstand (die Spitze einer Nadel) in die Farbe und zeichnen Sie Oberlider und Augenbrauen auf. Die Farbe muß gut durchtrocknen (notfalls fönen).

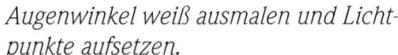

Augenwinkel weiß ausmalen und Lichtpunkte aufsetzen.

Lippen rot ausmalen und Mundöffnung oder Zähne aufmalen.

Die Augenwinkel werden weiß ausgemalt. Setzen Sie Lichtpunkte ins Auge.

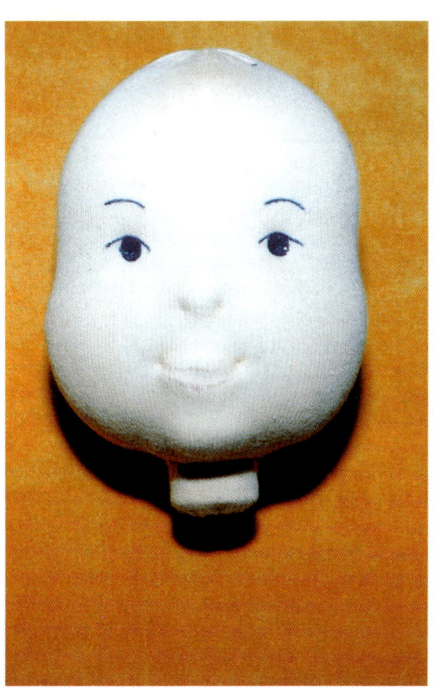

Als letztes malen Sie den Mund an. Wenn die rote Farbe getrocknet ist, können Sie für den offenen Mund (z. B. beim Till, Seite 46) eine kleine weiße Fläche anlegen oder (wie bei Pippilotta, Seite 40) kleine weiße Zähnchen aufmalen.

Das ganze Gesicht muß nach der Bemalung gut geföhnt werden, damit die Farben trocken sind und bei der weiteren Verarbeitung nicht verwischen können. Wie Sie die noch fehlenden Haare herstellen und anbringen, ist bei den einzelnen Marionetten beschrieben.

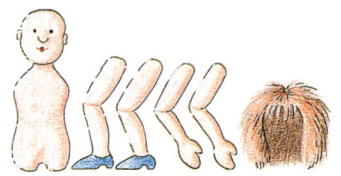

Der Marionettenkörper

Genähte Körperteile knappkantig ausschneiden und wenden.

In die Füße Granulat einfüllen und die auf Fußlänge abgeknickten Einlagen einführen.

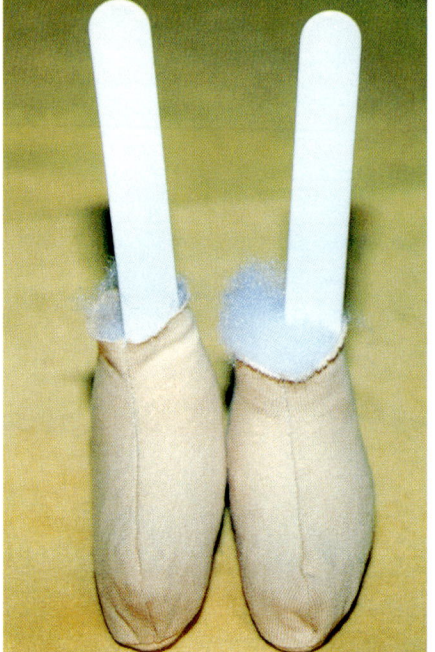

Die bereits genähten Körperteile werden knappkantig ausgeschnitten und gewendet.

Beginnen Sie mit den Füßen, in die Sie zwei bis drei Teelöffel Granulat einfüllen und anschließend die auf Fußlänge abgeknickten Einlagen für die Beine einführen.

Polstern Sie die Füße gut mit Füllwatte aus.

Füße gut mit Füllwatte auspolstern.

Auf die übrigen umgewendeten Körperteile übertragen Sie zunächst aus dem Schnittbogen die Markierungen für Stepplinien und Gelenke.

Stülpen Sie die Beine über die Fußöffnungen. Die biegsamen Beineinlagen reichen bis in die Unterschenkel. Die beiden Füße werden mit verzogenen Stichen möglichst unsichtbar an die Unterschenkel angenäht. Stopfen Sie die Unterschenkel bis zur ersten Markierung mit Füllwatte aus. Entlang der aufgezeichneten Linien am Knie wird mit Reihstichen je ein reißfester Faden ringsherum durch den Stoff genäht.

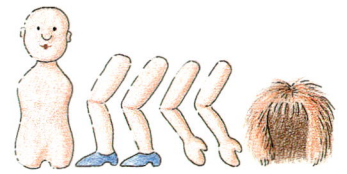

Ziehen Sie Anfang und Ende jedes Fadens fest zusammen. Die Enden werden miteinander verknotet und im Bein vernäht. In den auf diese Weise eingekräuselten Kniegelenken darf sich keine Füllwatte befinden. Sie würde die Beweglichkeit des Gelenks erheblich einschränken.

Nun stopfen Sie auch die Oberschenkel gut mit Watte aus und steppen entlang der ersten Markierung ab.

Für die Schulterpartie Ihrer Marionette benötigen Sie einen der Rundstäbe, an dem Sie die drei Ringschrauben anbringen

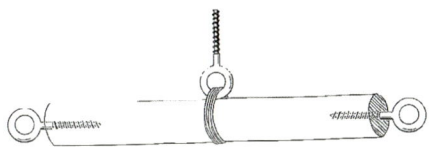

(siehe Zeichnung). Für die seitlichen Ringschrauben sollten Sie mit einem etwas dünneren Bohrer vorbohren, damit der Rundstab beim Eindrehen der Schraube nicht reißt. Die mittlere Ringschraube befestigen Sie gut mit reißfestem Garn in der Mitte des Rundstabs.

Diesen Rundstab legen Sie nun so in die Schulterpartie Ihrer Marionette ein, daß die Ringschrauben an den Armansätzen und in der Halsöffnung nach außen ragen. Die Öffnungen im Stoff ziehen Sie mit reißfestem Garn fest zusammen. Polstern Sie den Oberkörper mit Füllwatte aus. Steppen Sie entlang der Markierung ab. Nun legen Sie den zweiten Rundstab ein und steppen entlang der zweiten Markierung ab. Ziehen Sie die offene Kante des Unterkörpers über den Hüftstab des Oberkörpers und nähen Sie beide Teile entlang der Steppnaht zusammen.

Schieben Sie die biegsamen Armeinlagen in die genähten Arme. In den Bereich der Finger schieben Sie mit einem Stäbchen oder einem Löffelstiel nur wenig Füllwatte. Zu den Handballen hin und in den Unterarmen stopfen Sie die Arme fester aus. Die Markierung an den Ellenbogen wird ebenso eingekräuselt, wie Sie das bei den Kniegelenken getan haben.

Zur Fertigstellung der Hände werden nun noch von Hand oder vorsichtig mit der Maschine (damit die Nadel nicht abbricht) die Fingerzwischenräume abgesteppt.

Mit reißfestem Garn werden die Arme an den seitlichen Ringschrauben des Schulterstabes befestigt.

Um das Anziehen der Marionette zu ermöglichen, wird der Kopf erst nach der Fertigstellung der Bekleidung angeschraubt. Die Grundfigur Ihrer Marionette ist nun fertig. Mit entsprechender Kleidung erhält sie ihr individuelles Aussehen.

Arme an den seitlichen Ringschrauben befestigen.

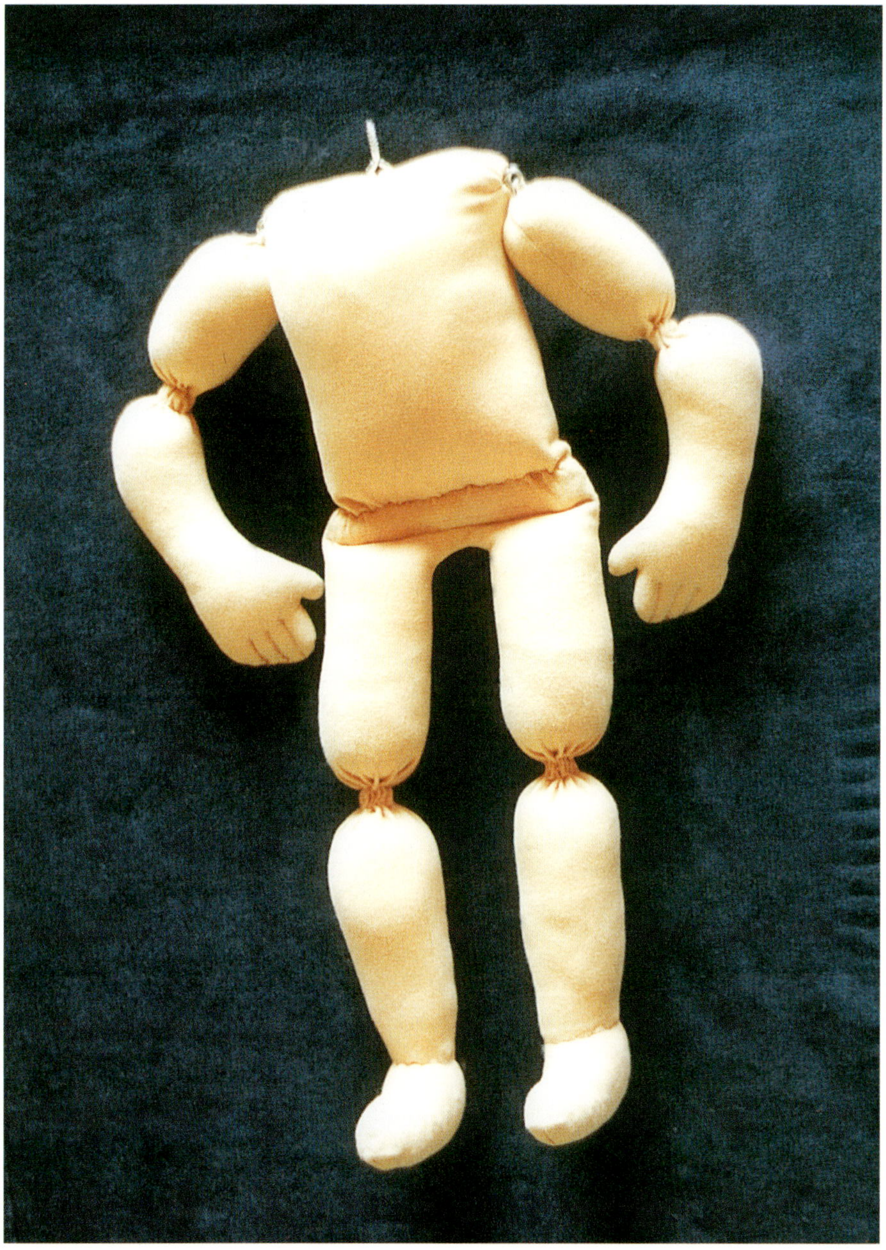

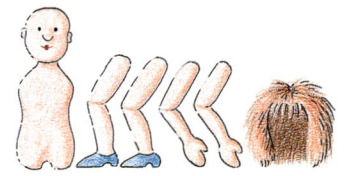

Zuschneiden und Nähen der Kleidung

Zuschneiden des Stoffes mit Hilfe von Schnittmustern aus Papier.

nicht einfach möglichst billige Stoffe zu kaufen. Sie lassen sich meistens schlechter verarbeiten und bleichen durch Lichteinwirkung schnell aus. Für alle Marionetten dieses Buches wurden hochwertige Westfalenstoffe oder entsprechende andere Fabrikate sowie beste Nickiqualitäten verwendet.

Bevor Sie die Bekleidung Ihrer Marionette anfertigen, lesen Sie die Arbeitsanleitungen sorgfältig durch. Fertigen Sie sich Schnittmuster aus Papier nach den Vorlagen auf den Schnittbogen an.

Angaben für die benötigten Stoffmengen finden Sie bei der Beschreibung der einzelnen Marionetten. Alle Kleidungsstücke müssen für Ihre Marionette individuell angepaßt werden, vor allem die Längen der Ärmel und Beine. Bei allen Marionetten müssen Sie darauf achten, daß Sie das Halsgelenk mit einem Tuch, einem Schal, einer Fliege oder Schleife verdecken. Bei einigen Modellen müssen Sie einen Teil der Kleidung mit ein paar Stichen am Körper festnähen, z. B. Hosen ohne Hosenträger, damit sie nicht rutschen. Erst wenn Ihre Marionette vollständig bekleidet und der Kopf aufgeschraubt ist, wird sie am Spielkreuz befestigt.

Wenn Sie Stoffe für die Kleidung Ihrer Marionette auswählen, denken Sie daran, daß Ihnen Ihre Marionette lange Zeit Freude bereiten soll. Ich empfehle Ihnen daher,

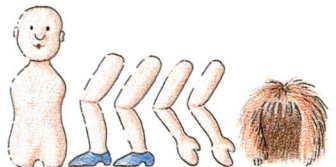

Die einzelnen Teile ohne Naht- und Saumzugabe zuschneiden und knappkantig zusammennähen.

Während der einzelnen Nähschritte sollten Sie immer wieder Anproben vornehmen, da sich Ihre Marionette in der Größe vielleicht von der im Buch gezeigten unterscheidet.

Kleidung zwischendurch immer wieder anprobieren.

Bei der Übertragung des Schnittmusters aus dem Schnittbogen arbeiten Sie sehr sorgfältig. Kopieren Sie sämtliche Markierungen für Knopflöcher usw. Die bei den einzelnen Marionetten angegebenen Stoffmaße sind Richtwerte, von denen Sie im Einzelfall, je nach der Größe Ihrer Marionette, auch abweichen können. Schneiden Sie die Kleidung, wenn nicht ausdrücklich etwas anderes angegeben ist, immer ohne Naht- und Saumzugabe zu.

Ebenso wichtig ist die Anprobe der Kopfbedeckung.

Die Marionetten

Max, der Fischer

Schnittvorlage Bogen Seite A

Material

*Cord in beliebiger Farbe,
40 x 60 cm, für die Hose
Karostoff, 25 x 120 cm, für das Oberteil
Cord, 15 x 120 cm, für die Mütze
roter Webstoff, 30 x 30 cm,
für das Halstuch
50 g Mohairgarn für die Frisur*

Die Kleidung für diese Marionette herzustellen dürfte Ihnen nicht schwerfallen, auch wenn Sie im Nähen wenig geübt sein sollten. Wählen Sie Stoffe aus, deren Dessin Ihnen am meisten zusagt. Für die Hose genügt ein Rest passender Cord. Als Halstuch läßt sich ein gekauftes Stofftaschentuch verwenden, oder Sie nähen selbst ein Tuch aus passendem Stoff.

Für die Marionette Max stellen Sie das Grundmodell für Marionetten her. Der Kopf wird mit einer gehäkelten Perücke aus hochwertigem Mohairgarn versehen (z. B. »On line« Linie 54 oder 56).

Frisur

Sie benötigen etwa 50 g Garn. Mit einer Häkelnadel Größe 3 schlagen Sie drei Luftmaschen auf, die Sie zu einem Ring schließen. In der Mitte des Rings häkeln Sie etwa zehn feste Maschen. Zupfen Sie von Anfang an die langen Fasern des Mohairgarns immer zu einer Seite. Diese bildet nachher die Außenseite der Perücke, die Maschen bleiben verdeckt und sind nur auf der Innenseite sichtbar. Je sorgfältiger Sie dabei arbeiten, desto natürlicher wirkt später die Frisur.

Die gehäkelten zehn Maschen müssen nun verdoppelt werden. Sie häkeln weiter feste Maschen, nur stechen Sie pro Masche zweimal ein, so lange, bis eine Platte von der Größe eines Fünfmarkstücks entsteht. Im weiteren Fortgang der Arbeit stechen Sie pro Masche nur noch einmal ein, so daß sich Ihre Arbeit vergrößert und gleichzeitig langsam schüsselförmig biegt. Halten Sie die Perücke immer wieder an, sie muß stramm am Kopf anliegen und bis in den Nacken reichen. Nehmen Sie je nach Bedarf Maschen zu oder ab. Die fertige Perücke wird mit verdeckten Stichen am Puppenkopf festgenäht.

Hose

Schneiden Sie zuerst alle Teile der Kleidung zu. Als erstes Kleidungsstück nähen Sie die Hose. Steppen Sie jeweils die vorderen und hinteren Schrittnähte aufeinander und nachfolgend die inneren Beinnähte. Die Nahtkanten sowie die Hosenbeine und der Bund werden versäubert. Schlagen Sie nun die Bundkante etwa 1 cm ein, steppen Sie sie ab und ziehen Sie einen reißfesten Faden durch diesen Saum. Die Hosenbeine säumen Sie in der gewünschten Länge. Ziehen Sie Ihrer Marionette die Hose an. Kräuseln Sie den Bund mit dem reißfesten Faden auf Körperweite ein und nähen Sie die Hose mit ein paar Stichen am Körper fest.

Oberteil

Steppen Sie die Ärmel auf die Vorder- und Rückenteile und nähen Sie anschließend die Unterarm- und Seitennähte. Schlagen Sie den Stoff am Halsausschnitt etwa 1 cm ein und steppen Sie ab. In den Saum ziehen Sie reißfestes Garn ein.

Säumen Sie nach der Anprobe die Ärmel auf die benötigte Länge und die untere Kante des Kittelchens. Den Ärmelsaum können Sie mit etwas Gummiband einkräuseln.

Mütze

Nähen Sie jeweils acht Stoffteile aneinander. Die so entstandenen Platten werden miteinander verstürzt. Kräuseln Sie die Außenkante auf Kopfweite ein und nähen Sie das Mützenschild fest.

Marijke, die Holländerin

Schnittvorlage Bogen Seite A und B

> **Material**
>
> *weißer Batist, 50 x 140 cm, für Haube, Schürze, Schultertuch und Unterwäsche Streifenstoff, 25 x 140 cm, für das Kleid 50 g Mohairgarn für die blonden Haare*

Diese Marionette ist aufwendiger gekleidet und stellt daher etwas höhere Anforderungen an Ihre Fertigkeit im Nähen. Der Marionettenkörper entspricht dem Grundmodell. Geben Sie dem Gesicht zarte, mädchenhafte Züge.

Kleid

Schneiden Sie das Kleid zu, wie es auf dem Schnittbogen angegeben ist, und schließen Sie die Schulternähte sowie die Unterarm- und Seitennähte. Nach der Anprobe kürzen Sie die Länge der Ärmel und die Gesamtlänge des Kleides entsprechend Ihrer Marionette ein. Verzieren Sie die Kanten mit Spitze. Die Ärmel werden mit Gummiband eingekräuselt. An den Halsausschnitt nähen Sie nach der Anprobe ebenfalls eine Spitzenkante, um das Halsgelenk der Marionette zu verdecken.

Unterhose

Marijke trägt eine Batistunterhose, die nach dem Hosengrundschnitt auf Bogen 1 genäht wird. Auch sie wird entsprechend gekürzt und mit Spitze verziert.

Haube

Nach den Angaben auf dem Schnittbogen nähen Sie zwei separate Hauben, die anschließend miteinander verstürzt werden. Wenn die Haube paßt, werden die Seiten hochgeklappt und, falls nötig, mit wenigen Stichen fixiert.

Schürze

Schneiden Sie ein Stück Batist oder Baumwollstoff auf 60 x 25 cm und kräuseln Sie es auf Körperweite ein. Die obere Kante wird mit Schleifenband eingefaßt, mit dessen langen Enden die Schürze auf dem Rücken der Marionette gebunden wird. Säumen Sie die untere Kante und stecken Sie im unteren Teil bei der Anprobe Querfalten fest, bis die gewünschte Schürzenlänge erreicht ist. Die Querfalten werden mit einer Naht fixiert. Nähen Sie das Schultertuch und legen Sie es der Marionette um. Das Tuch wird von Hand am Bund befestigt. Zu der Schürze paßt auch ein Schultertuch, das Sie aus dünnem Garn häkeln oder stricken.

Die Bekleidung der kleinen Holländerin wird vervollständigt durch ein Paar Klompen (Holzschuhe). Die Frisur ist gearbeitet wie bei der Marionette Pippilotta (Seite 40), hier sind jedoch die Zöpfe zu einer Schaukel hochgebunden.

Als schmückendes Beiwerk geben Sie Ihrer Marijke ein Körbchen mit Holzfrüchten oder einen Trockenblumenstrauß in die Hand.

Peppina, das Clownmädchen

Schnittvorlage Bogen Seite A

> **Material**
>
> *Karostoff, 40 x 60 cm, für die Hose*
> *Nickistoff, 25 x 120 cm,*
> *für das Oberteil*
> *Karostoff, 40 x 20 cm,*
> *für die Halskrause*
> *ein Streifen Mohair-Plüsch,*
> *10 x 30 cm, für die Haare*

Mit dem Phantomstift zeichnen Sie die Konturen des Clowngesichts vor. Legen Sie zuerst die weißen Flächen mit einem dünnen Pinsel an. Nachdem die Farbe gut getrocknet ist, umranden Sie die Flächen dünn in der gewünschten Farbe. Malen Sie dann die Augen und den Mund farbig auf. Mit Wachskreide färben Sie die Wangen rot. Die Farbe wird mit einem sauberen Baumwolltuch verrieben. Peppina bekommt eine Halskrause, die rechts auf rechts genäht und verstürzt ist. Sie sollten sie mit wenigen Stichen am Hals fixieren.

Sie können Ihr Clownmädchen durch dekoratives Zubehör – auf dem Foto hält es z. B. ein Holzakkordeon – zu einem interessanten Blickfang werden lassen.

Bei dem Clownmädchen ist ähnlich wie bei Max die Kleidung recht einfach gehalten. Sie müssen nur die Zuschnitte auf die gewünschte Arm- und Beinlänge kürzen. Die Haare bestehen bei Peppina aus hochwertigem Mohair-Plüsch, der nach Schnittmuster zugeschnitten und genäht wird. Die fertige Perücke nähen Sie mit verdeckten Stichen am Kopf fest.

Anspruchsvoller als bei der Fischer-Marionette ist die Gestaltung des Gesichts. Die dicke Clownnase wird erst aufgenäht, wenn der Kopf mit dem Gesichtstrikot bespannt ist. Schneiden Sie sich dazu ein Stück roten Nicki in Markstückgröße zurecht. Reihen Sie reißfesten Zwirn ringsum ein, stopfen das Stoffstück mit Füllwatte aus und ziehen die beiden Enden des Reihfadens zusammen. Der Faden wird verknotet und vernäht. Die so entstandene Nickikugel nähen Sie mit verzogenen Stichen im Gesicht fest.

Pepe, der Clown

Schnittvorlage Bogen Seite A und B

Material

*Doppelgewebe, 50 x 150 cm, für Frack und Hose
Nickistoff, 25 x 80 cm, für das Hemd
bunte Knöpfe für Hemd und Mantel
farblich passender Stoffrest oder breites Schleifenband für die Fliege
ein Streifen Mohair-Plüsch für den Haarkranz (Maße sind am fertigen Kopf abzunehmen)*

Auch diese Marionette ist ein Grundmodell, nur der Kopf wird anders gearbeitet. Anders als bei den bisherigen Puppen wird der Zuschnitt des Trikotstoffes für den Kopf nicht mit einer Hinterkopfnaht versehen, da der Clown eine Glatze hat. Messen Sie ein Stück Gesichtstrikot so ab, daß es vom Halszapfen vorne über den Kopf bis nach hinten zum Halszapfen reicht. Der Stoff muß so breit sein, daß er den Oberkopf von Schläfe zu Schläfe bedeckt.

Binden Sie als erstes wie gewohnt den Hals ab. An den Seiten raffen Sie den Stoff Stück für Stück so nach hinten, daß er an allen sichtbaren Stellen glatt am Kopf anliegt. Die sich zwangsläufig ergebenden Falten liegen dort, wo hinterher die Haare angenäht werden. Überschüssigen Stoff schneiden Sie immer wieder vorsichtig weg. Nähen Sie die Falten glatt und sorgfältig am Kopf an. Auf diese Naht wird der Haarkranz aus Mohair-Plüsch gesetzt. Bei der Gestaltung des Clowngesichtes gehen Sie vor wie bei Peppina (Seite 32).

Kleidung

Pepe trägt einen Frack und am Hals eine große Fliege. Für die Kleidung von Pepe habe ich ein Doppelgewebe verwendet, wodurch an den Bein- und Armaufschlägen und am Kragen Kontraste entstehen. Sollten Sie einfach gewebte Stoffe verwenden, schneiden Sie die Aufschläge und den Kragen aus andersfarbigem Stoff separat zu.

Die Anleitung zum Nähen der Hose finden Sie bei der Marionette Max (Seite 26). Das Hemd schneiden Sie zweimal im Stoffbruch zu. Steppen Sie die Schultern sowie die Unterarm- und Seitennähte. Versäubern und säumen Sie alle Kanten und ziehen Sie am Halsausschnitt einen reißfesten Faden ein. Verzieren Sie das Hemd mit bunten Knöpfen.

Die Mantelteile werden wie angegeben zugeschnitten und der Schlitz versäubert. Schließen Sie die Arm- und Schulternähte und setzen Sie die Ärmel ein. Die Umschläge werden verstürzt und auf die vorderen Ärmelkanten geheftet. Probieren Sie den Mantel an und korrigieren Sie, falls nötig, die Breite der Umschläge. Legen Sie auch die endgültige Ärmellänge fest und nähen Sie die Umschläge gut an. Bunte Knöpfe geben dem Mantel den letzten Pfiff.

Um das Halsgelenk zu verdecken, versehen Sie Pepe mit einer großen Fliege, die aus einem passenden rechteckigen Stück Stoff zugeschnitten wird. Der Stoff wird in der Mitte gerafft.

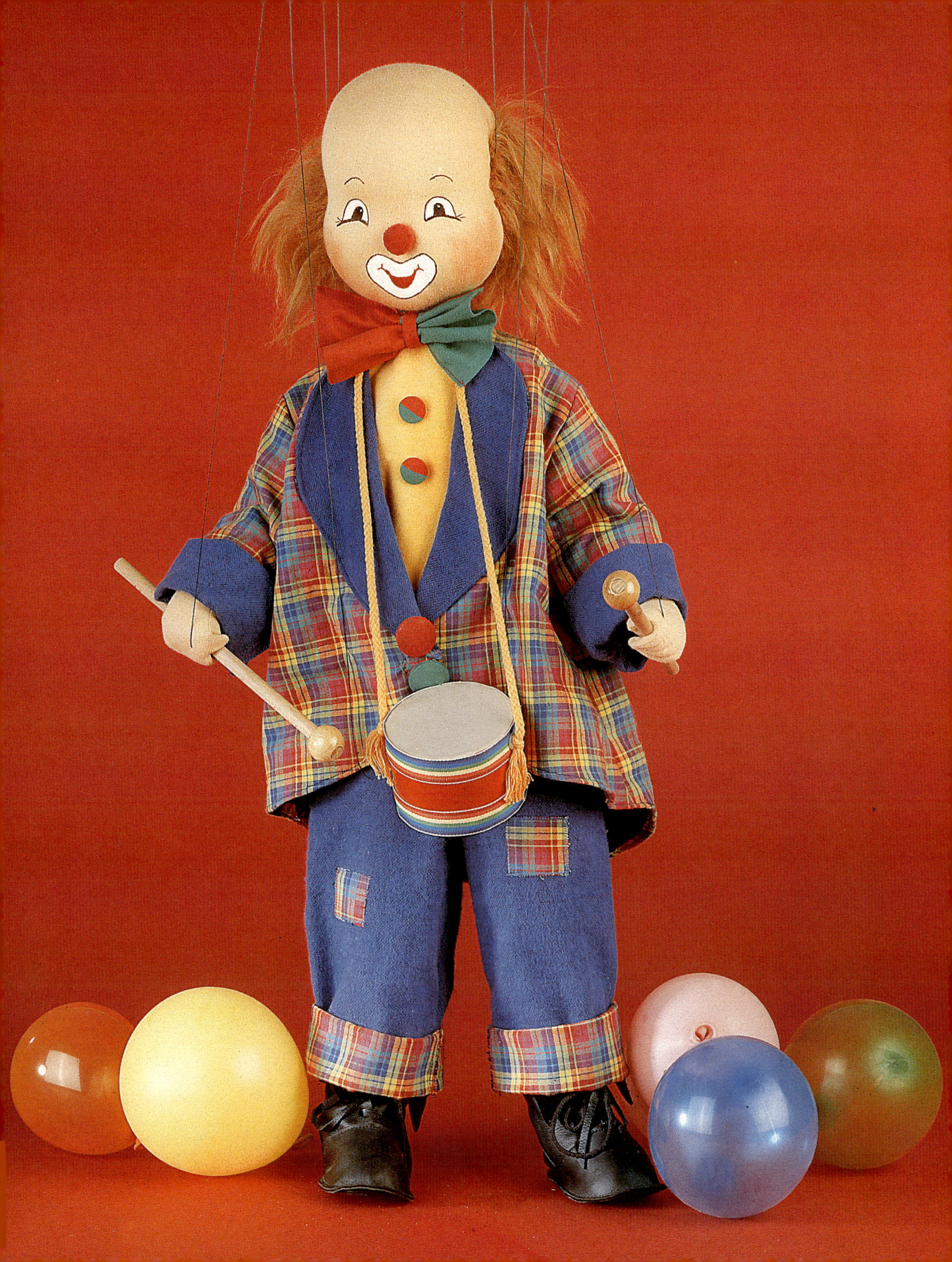

Wurzel, der Zwerg

Schnittvorlage Bogen Seite A und B

> **Material**
>
> *Lammfell, 20 x 75 cm, für die Weste*
> *Cord, 40 x 40 cm, für die Hose*
> *Nickistoff, 20 x 90 cm, für das Oberteil*
> *Nickistoff, 20 x 40 cm, für die Mütze*
> *ein Streifen Leder und eine Gürtelschnalle für den Gürtel*
> *Lammlocken, 10 x 40 cm, für Perücke und Bart*

Der Zwerg Wurzel ist ein fröhlicher Geselle mit dickem Bauch und Knollennase. Seine Bekleidung stellt keine allzu großen Anforderungen an Ihre Nähkunst. Die Grundform der Marionette wird mit einer großen Nase aus Trikotstoff versehen. Sie wird hergestellt wie die Nase des Clowns (siehe Seite 34). Für den dicken Bauch füllen Sie ein kleines Kissen aus Trikotstoff mit Füllwatte. Nähen Sie es auf die unbekleidete Marionette auf. Fellreste, z. B. Lammlocken, bilden Perücke und Bart. Das Schnittmuster für die Perücke finden Sie auf Schnittbogen 1.

Die Nähanleitung für die Hose finden Sie bei der Marionette Max (Seite 26). Die Hosenbeine werden nach Wunsch gekürzt.

Nähen Sie die Schulternähte sowie die Unterarm- und Seitennähte. Alle Kanten werden versäubert und gesäumt. Ziehen Sie am Halsausschnitt einen reißfesten Faden ein.

Die Weste kann aus Lammfell oder Wollplüsch genäht werden. Schließen Sie die Schulternähte und versäubern Sie alle Kanten. Wurzel bekommt Werkzeug in die Hand, z. B. einen Spaten. In der anderen Hand trägt er eine Laterne, die Sie aus Holz oder Pappe selbst anfertigen können.

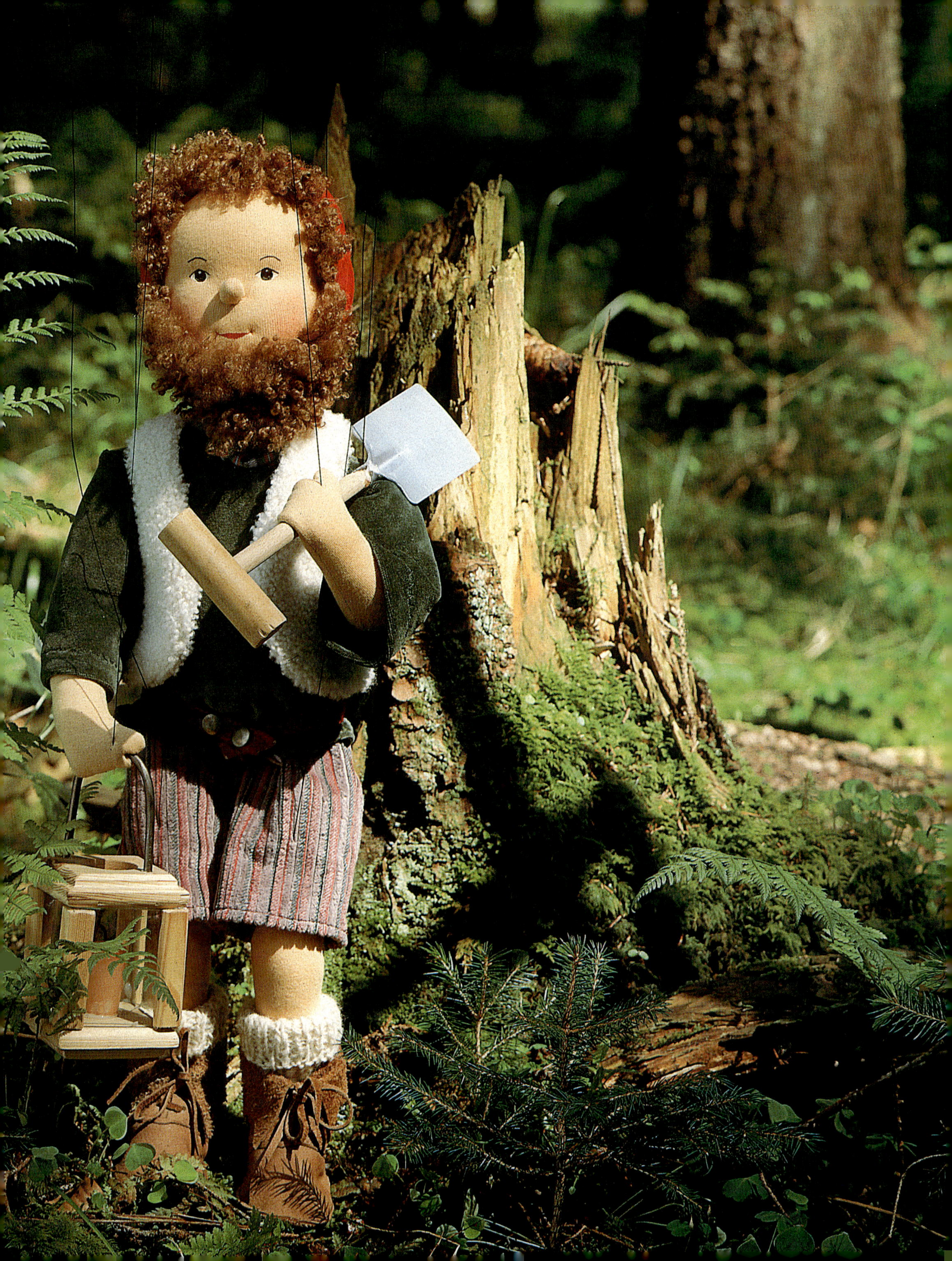

Aladin mit der Wunderlampe

Schnittvorlage Bogen Seite B

Material

*Karostoff, 40 x 140 cm, für den Anzug
Nickistoff, 20 x 75 cm, für Weste und Schuhe
Perlen zum Besticken der Weste und der Schuhe
Reste von Glitzerband oder Brokatborte
Blumentopf aus Kunststoff und roter Nickistoff zum Bespannen für den Fes
Lammfellperücke oder ein Streifen Tibet-Lammfell, 10 x 30 cm*

Die Marionette Aladin ist aus braunem Trikotstoff genäht. Bei dieser sehr festen Qualität können Sie den üblichen Zuschnitt für den Kopf nicht verwenden. Legen Sie ein passendes Stück Trikot um den Kopf herum und nähen Sie es von Hand an. Faltenbildung im Halsbereich vermeiden Sie, indem Sie seitlich kleine Einschnitte anbringen und den Stoff glatt nach hinten raffen, bevor Sie ihn annähen. Bei der Gestaltung des Gesichts ist es hilfreich, die Augen und den Mund erst weiß zu grundieren und dann erst aufzumalen. Die Farben erhalten so mehr Leuchtkraft.

Kleidung

Wie Sie den Anzug Ihrer Marionette herstellen, ist bei Pippilotta (Seite 40) beschrieben. Lassen Sie jedoch die farbigen Aufschläge an den Ärmeln und Beinen weg. Statt dessen arbeiten Sie Bündchen an oder ziehen Gummi ein.

Die Anleitung zum Nähen der Weste finden Sie bei der Marionette Wurzel (Seite 36). Den Nickistoff der Weste besticken Sie mit Perlen.

Für die Schuhe nähen Sie die Seitenteile (A an A, B an B; siehe Schnittbogen) zusammen. Danach wird die Sohle (A-B) eingenäht.

Setzen Sie anschließend die Sohlen ein. Verzieren Sie die Schuhe nach Wunsch und füllen Sie die Spitzen mit Watte, bevor die Schuhe der Marionette angezogen werden.

Für den Fes wählen Sie einen Plastikblumentopf in passender Größe und beziehen ihn mit Nickistoff. Auch der Fes wird mit Borte oder Perlen verziert.

Bei der Ausarbeitung und Gestaltung dieser Figur sollten Sie Ihrer Fantasie freien Lauf lassen. Statt aus Nickistoff, den Sie mit Perlen verzieren, können Sie Weste und Schuhe auch aus Glitzerstoff herstellen. Verwenden Sie aber auf jeden Fall leuchtende Farben, denn diese Marionetten darf auf keinen Fall düster wirken.

Die Perücke besteht wie bei dem Maler Vincent aus Lammfell. Die Wunderlampe finden Sie sicher auf einem Trödelmarkt.

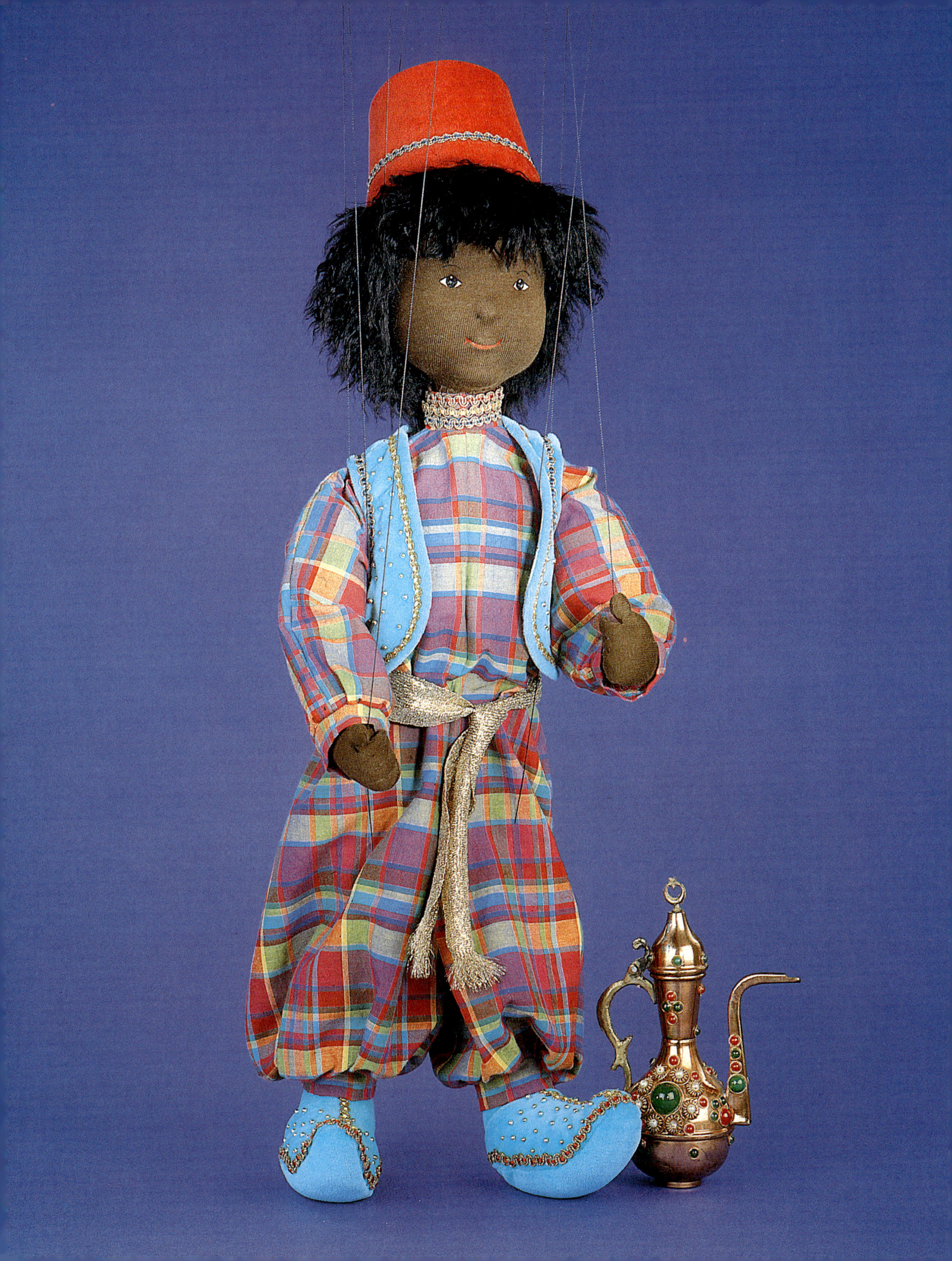

Pippilotta

Vorlagenbogen Seite B

Material

*Karostoff, 40 x 140 cm, für den Anzug
Webstoff uni, 25 x 50 cm,
für die Schürze
farblich passende Stoffreste
für die Aufschläge
50 g rotes Mohairgarn für die Perücke*

Die Marionette Pippilotta ist ein Grundmodell, bei dem Sie jedoch die Nase besonders groß herausarbeiten und zusätzlich von außen abbinden. Auch der Mund sollte etwas größer sein als bei den anderen Modellen. Bei der Gestaltung des Gesichts malen Sie Pippilotta ein paar weiße Zähne und Sommersprossen auf.

Frisur

Die Frisur aus Mohairgarn ist bei dieser Marionette aufgestickt. Markieren Sie mit dem Phantomstift die Konturen des Haaransatzes und den Scheitel.

Von dem Mohairgarn wickeln Sie lange Fäden ab, mindestens doppelt so lang wie die geplanten Zöpfe. Fädeln Sie einen Wollfaden in eine dicke Sticknadel. Im Ohrbereich und stechen Sie die Nadel versetzt ein wieder aus. Führen Sie die Nadel bis zum Scheitel und stechen Sie auch dort versetzt ein und aus. Vom Scheitel ziehen Sie den Faden wieder zurück zum Ohr, wo Sie wieder ein- und ausstechen. Die beiden losen Enden lassen Sie am Ohr herabhängen. Auf diese Weise verarbeiten Sie die Mohairfäden. Mit der Zeit bildet sich am Ohr ein dicker Strang, aus dem später die Zöpfe geflochten werden können. Achten Sie darauf, daß von der gesamten Scheitellinie, also bis zum Nacken, Fäden für die Zöpfe zum Ohr laufen. Die Lücken zwischen den auf dem Kopf fächerförmig auseinanderlaufenden Fäden schließen Sie später mit kürzeren Stichen, bis der Kopf dicht mit Mohairfäden bedeckt ist. Im Stirn- und Schläfenbereich werden nun Ponyfransen eingeknotet.

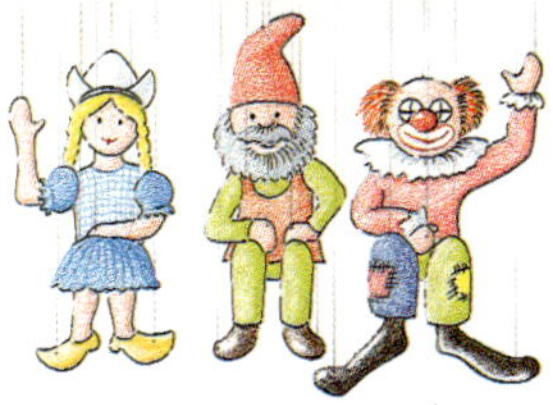

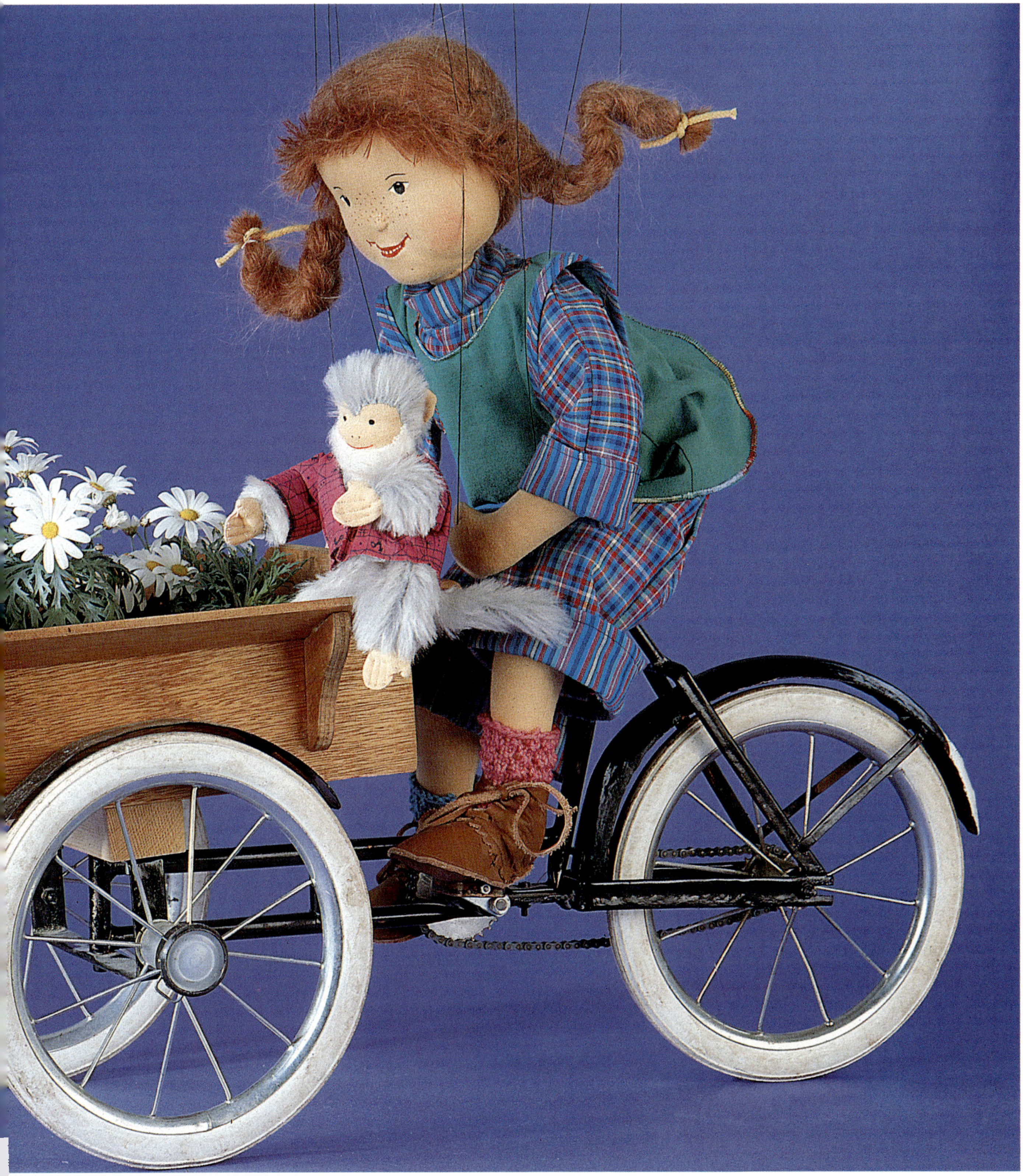

Um die Zöpfe biegsam zu gestalten, ziehen Sie einen Draht ein, der von einem Zopf zum anderen reicht und auf dem Kopf gut angenäht wird.

Kleidung

Beim Anzug schließen Sie die Schulter- und Seitennähte, die inneren Beinnähte und danach die Schrittnaht. Im Rücken lassen Sie etwa 10 cm Naht offen, damit Sie Ihrer Marionette den Anzug anziehen können. An Armen und Beinen nähen Sie Aufschläge aus passendem Stoff an. An den Halsausschnitt nähen Sie ein Stehbündchen, dessen Länge Sie bei der Anprobe ermitteln.

Die Schürze schneiden Sie doppelt zu. Sie wird im Rücken mit einem kleinen Druckknopf oder Klettverschluß geschlossen. Zusätzlich können Sie auf die Schürze noch eine kleine Tasche und ein paar Flicken aufnähen.

Vincent, der Maler

Schnittvorlage Bogen Seite A

Material

*weißer Baumwollstoff, 25 x 120 cm, für das Oberteil
Cordstoff, 40 x 60 cm, für die Hose
Karostoff, 25 x 120 cm, für Mütze und Schal
vorgefertigte schwarze Lammfellperücke*

Auch Vincent trägt einfache Kleidung, die aus dem Schnittmuster 1 entsteht. Sein Hemd ist mit Stoffmalfarbe »bekleckst«. Die Locken der fertigen Lammfellperücke schauen unter der Baskenmütze hervor.

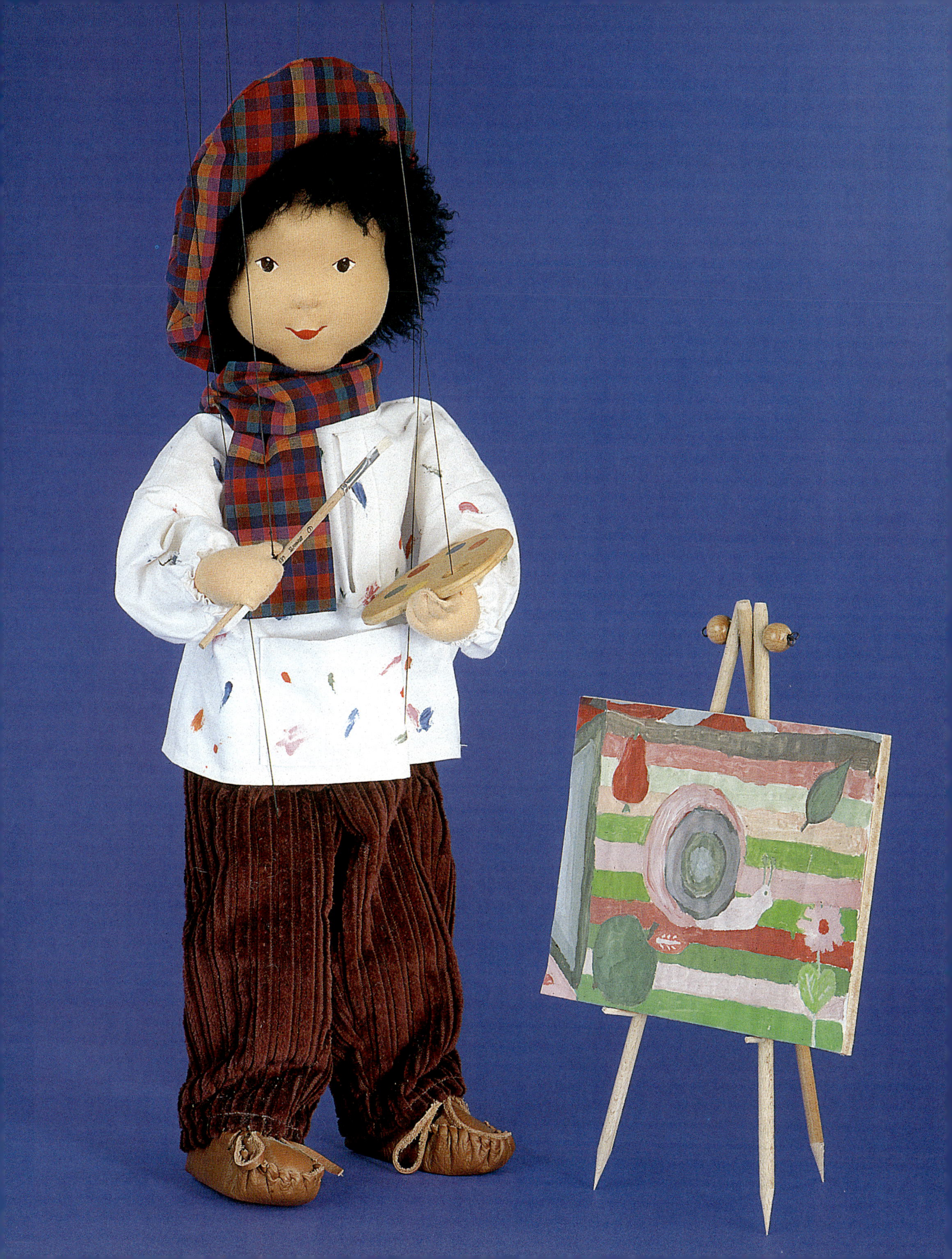

Berthold, der Zimmermeister

Schnittvorlage Bogen Seite A und B

Material

schwarzer Cord, 30 x 100 cm, für Weste und Hose
schwarzer Baumwollstoff (Rest) für das Rückenteil der Weste
weißer Baumwollstoff, 30 x 120 cm, für das Hemd
zwei Metall-Reißverschlüsse
schwarze Lederreste
Gürtelschnalle
acht Knöpfe für das Hemd
vier Knöpfe für die Weste
Kette (Meterware) und Metallknöpfe für die Bauchkette
Halstuch (Bandanos oder roter, kleingemusterter Stoff, 30 x 30 cm)
Perücke
Puppenhut mit breiter Krempe (Zimmermannshut)

Die in bezug auf ihre Bekleidung aufwendigste Marionette des Buches ist dieser Zimmermann. Zum Herstellen der Bekleidung benötigen Sie viel Geduld und gute Nähkenntnisse. Die Marionette ist ein Grundmodell, vielleicht mit einer etwas stärker ausgeprägten Nase. Der Zimmermeister trägt ein Biesenhemd mit Stehbündchen, eine Cordweste und eine Cordhose mit zwei Reißverschlüssen und Lederecken als Verstärkung.

Hose

Den Grundschnitt für die Hose finden Sie auf Schnittbogen 1. Schneiden Sie die Hose im Vorderteil zweimal ein. In die Schlitze nähen Sie Reißverschlüsse ein, die Sie am unteren Abschluß mit Lederecken verzieren. An der Seitennaht nähen Sie eine ebenfalls mit Leder abgesetzte Tasche auf.

Weste

Schließen Sie die Schulter- und Seitennähte und säumen Sie alle Kanten. Arbeiten Sie die Knopflöcher und nähen Sie Perlmuttknöpfe auf. Wenn die Weste paßt, wird sie mit Ketten und Metallknöpfen verziert. Die Bauchkette stellen Sie selbst her, indem Sie Meterware (z. B. aus dem Baumarkt) mit den Metallknöpfen verbinden.

Hemd

Nähen Sie zunächst die Falten in die Vorderteile und schließen Sie die Schulter-, Seiten- und Ärmelnähte. Setzen Sie die Ärmel ein und nähen Sie die Bündchen auf Armweite an. Versehen Sie das Hemd mit Knopflöchern und Knöpfen und am Halsausschnitt mit einem Stehbündchen.

Berthold trägt eine fertige Perücke und einen großen Zimmermannshut. Wenn Sie die Marionette am Spielkreuz befestigen, achten Sie darauf, daß alle Fäden durch die Krempe dieses Hutes gezogen werden müssen.

Zur Vervollständigung Ihres Zimmermanns besorgen Sie sich aus dem Berufsbekleidungsgeschäft ein Halstuch für Zimmerleute (Bandanos) oder stellen Sie das Halstuch aus rotem, kleingemustertem Stoff selbst her.

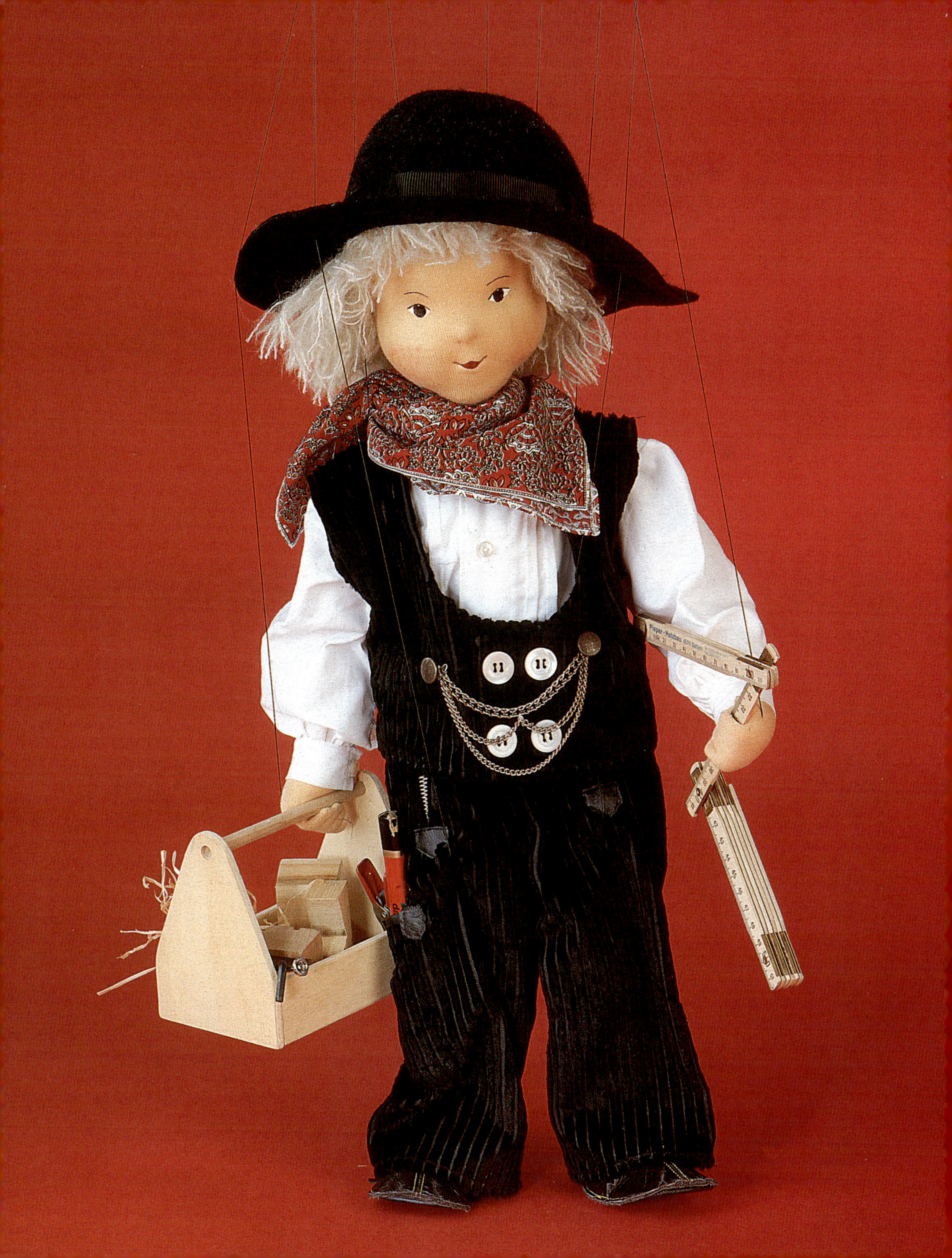

Till

Schnittvorlage Bogen Seite A und B

Material

dunkelblauer Nickistoff, 40 x 60 cm, für die Hose
gelber Nickistoff, 35 x 50 cm, für das Vorderteil
roter Nickistoff, 30 x 80 cm, für den Kragen
blauer und grüner Nickistoff, jeweils 25 x 25 cm, für die Ärmel
farbige Stoffreste (Nicki) für die Kappe und die Schuhe
Baumwollstoff (Rest) für die Rückseite der Zacken des Oberteils
14 Glöckchen
ein Streifen Lammlocken
passende Knöpfe

Die Haare der Marionette bestehen aus einem Kranz kleiner Lammlöckchen, die auf dem Kopf aufgenäht werden, bevor die Kappe angebracht wird. Dekoratives Zubehör vervollständigt diese fröhliche Marionette.

Hose

Den Grundschnitt für die Hose finden Sie auf Schnittbogen 1. Die Hosenbeine versehen Sie mit einem Gummizug.

Oberteil

Schließen Sie die Schulternähte sowie die Seiten- und Ärmelnähte. Die Zacken des Oberteils werden noch einmal aus Baumwollstoff zugeschnitten. Sie werden rechts auf rechts auf die Zacken aus Nickistoff aufgenäht und dann verstürzt.

Setzen Sie die Ärmel ein und versäubern Sie die Nähte. Die Ärmel erhalten einen Gummizug. Verzieren Sie das Oberteil mit bunten Knöpfen und nähen Sie an die Zacken kleine Glöckchen.

Till ist durch die freundliche Vielfalt der Farben eine sehr dekorative Marionette. Die Figur ist als Grundmodell gearbeitet. Der Mund kann etwas großzügiger bemalt werden. Die Kleidung ist ausschließlich aus Nickistoff genäht, was ein wenig zeitaufwendiger ist und einiges an Übung und Erfahrung voraussetzt, denn die Zacken am Oberteil müssen wirklich exakt gearbeitet werden.

Kragen

Sie schneiden die Kragenteile doppelt zu und verstürzen sie miteinander. Am Halsausschnitt setzen Sie ein Stehbündchen an und verzieren die Zacken mit kleinen Glöckchen.

Kappe

Die Narrenkappe wird, wie angegeben, vierfarbig zugeschnitten. Auch sie wird an den Enden mit kleinen Glöckchen versehen. Füllen Sie die Kappe mit Watte, bevor sie am Kopf festgenäht wird.

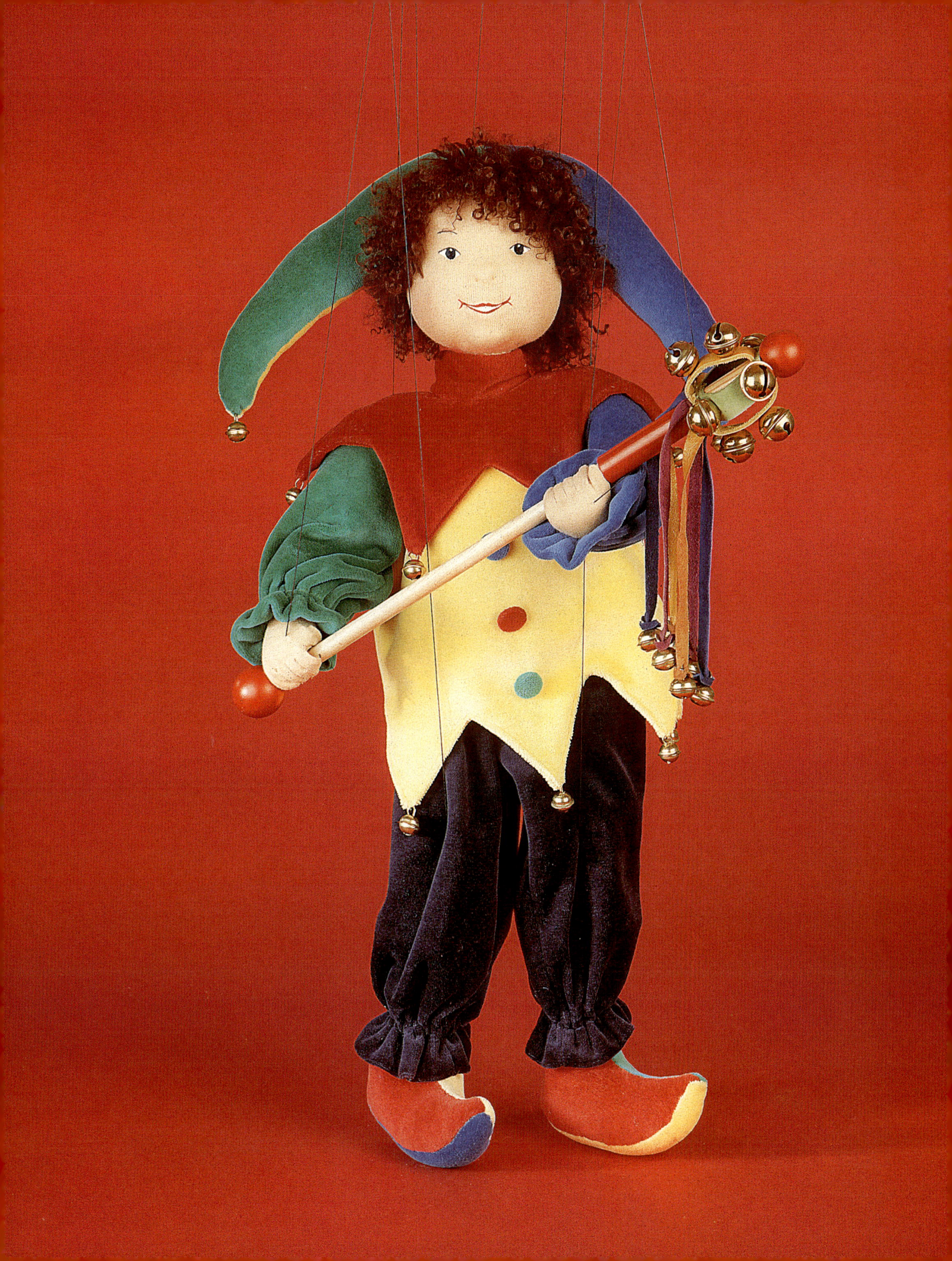

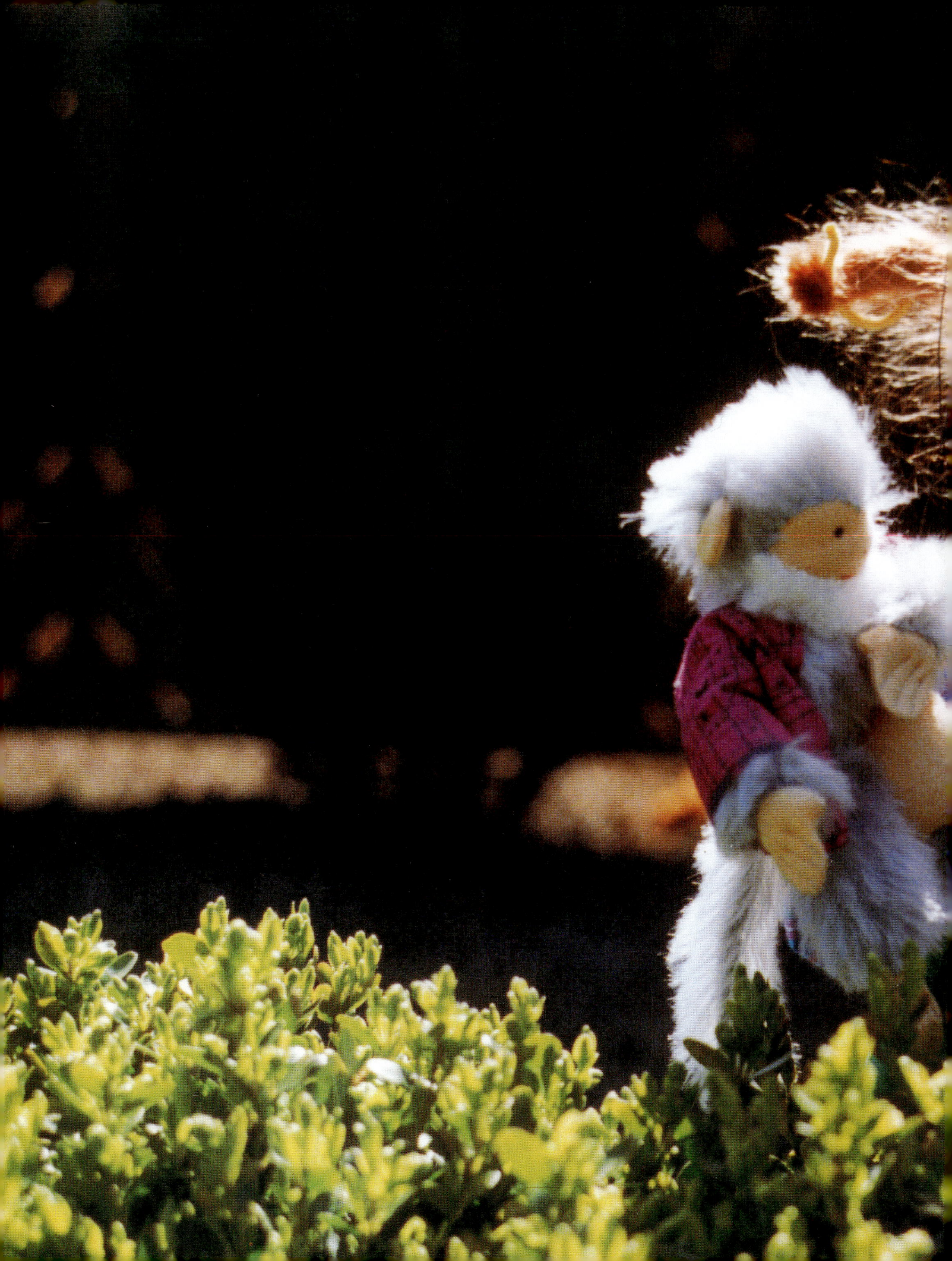

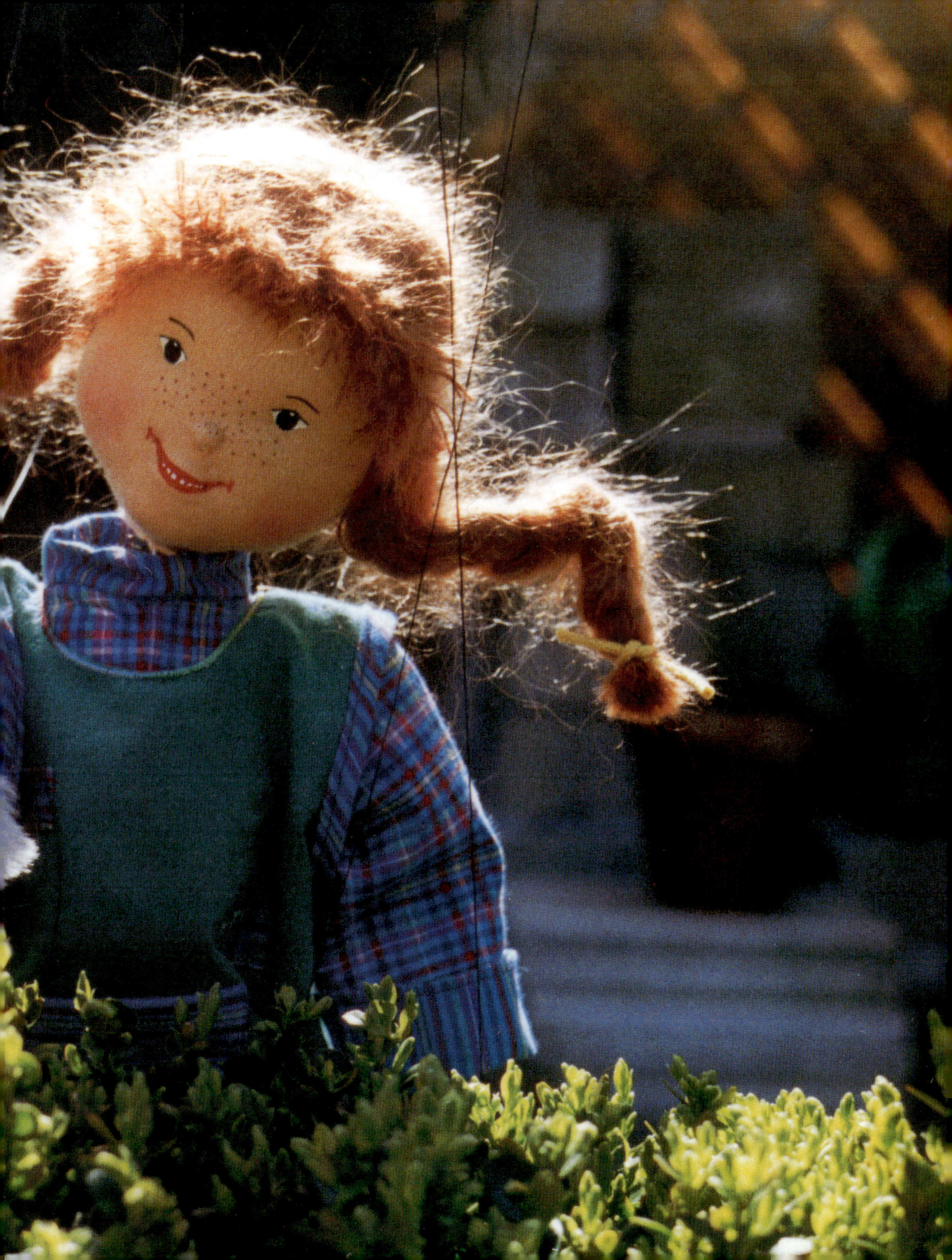

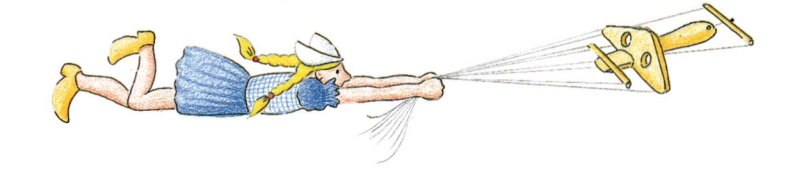

Befestigung der Marionette am Spielkreuz

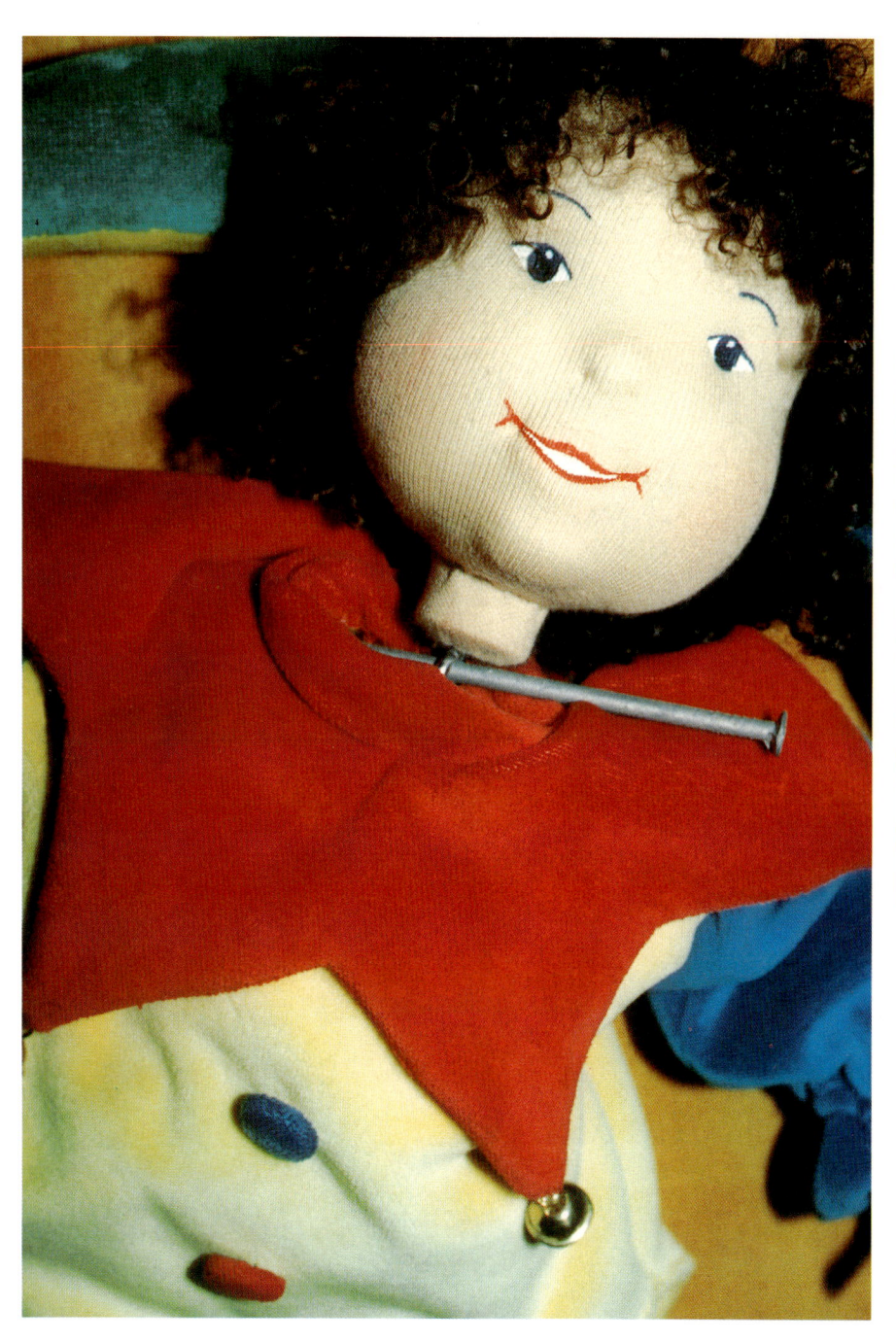

Wenn Ihre Marionette angezogen und der Kopf am Körper angeschraubt ist, wird sie mit reißfesten Fäden an einem Spielkreuz befestigt.

Alle in diesem Buch gezeigten Figuren sind achtfädig. Sie können im Fachhandel ein fertiges Marionettenkreuz als Bausatz erwerben, oder Sie stellen sich ein Spielkreuz selbst her.

> *Dazu benötigen Sie:*
>
> *Weichholz, 19 mm dick, 10 x 25 cm, für den Handgriff*
> *Sperrholz, 6 mm dick, 10 x 25 cm, für das bewegliche Vorderteil*
> *Rundholz, Durchmesser 8 mm, 18 cm lang, für die Schulteraufhängung*
> *Rundholz, Durchmesser 8 mm, 12 cm lang, für die Kopfaufhängung*
> *drei Ringschrauben, Durchmesser der Öse etwa 12 mm*
> *Holzdübel mit Knopf für die Befestigung des beweglichen Teils am Handgriff*
> *Schraubhaken zum Aufhängen des Spielkreuzes*

Der Kopf wird angeschraubt, wenn die Marionette fertig angezogen ist.

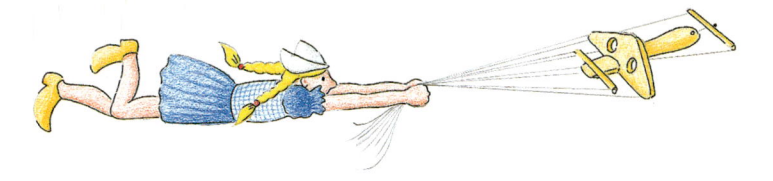

Einzelteile des Spielkreuzes.

Die Vorlagen für das Spielkreuz sind in Originalgröße wiedergegeben. Übertragen Sie die Vorlagen auf das Holz und sägen Sie sie aus. Bringen Sie die angegebenen Bohrungen an. Das bewegliche Vorderteil wird mit dem Holzdübel am Handgriff befestigt. Geben Sie vorher etwas Holzleim auf den Dübel.

Leimen Sie nun den 12 cm langen Rundstab in die Bohrung 1 im Handgriff ein. Der 18 cm lange Rundstab wird mit einem dicken, reißfesten Faden an der Ringschraube 3 befestigt. Die Fadenlänge beträgt etwa 6 cm.

Nun schneiden Sie die einzelnen Fäden zum Aufhängen der Puppe zurecht. Verwenden Sie auf jeden Fall reißfestes Garn.

Sie benötigen:

für die Schultern zwei Fäden, jeweils 70 cm lang,
für den Kopf zwei Fäden, jeweils 80 cm lang,
für die Beine zwei Fäden, jeweils 120 cm lang,
für die Hüfte einen Faden, 100 cm lang,
für die Hände einen Faden, 180 cm lang.

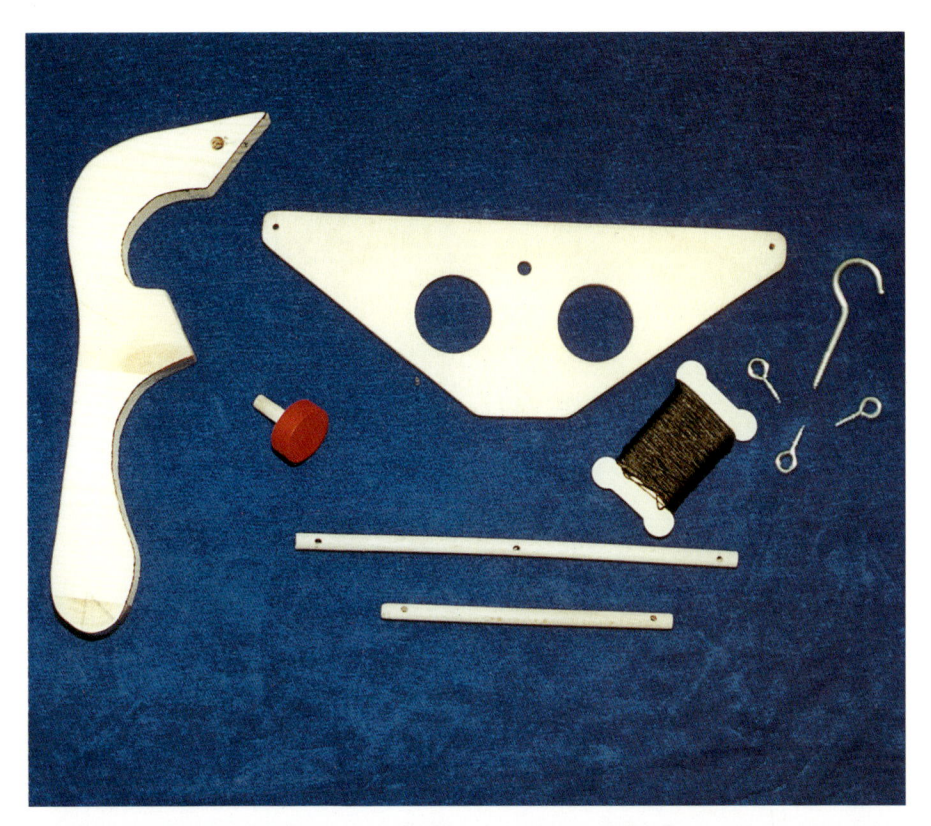

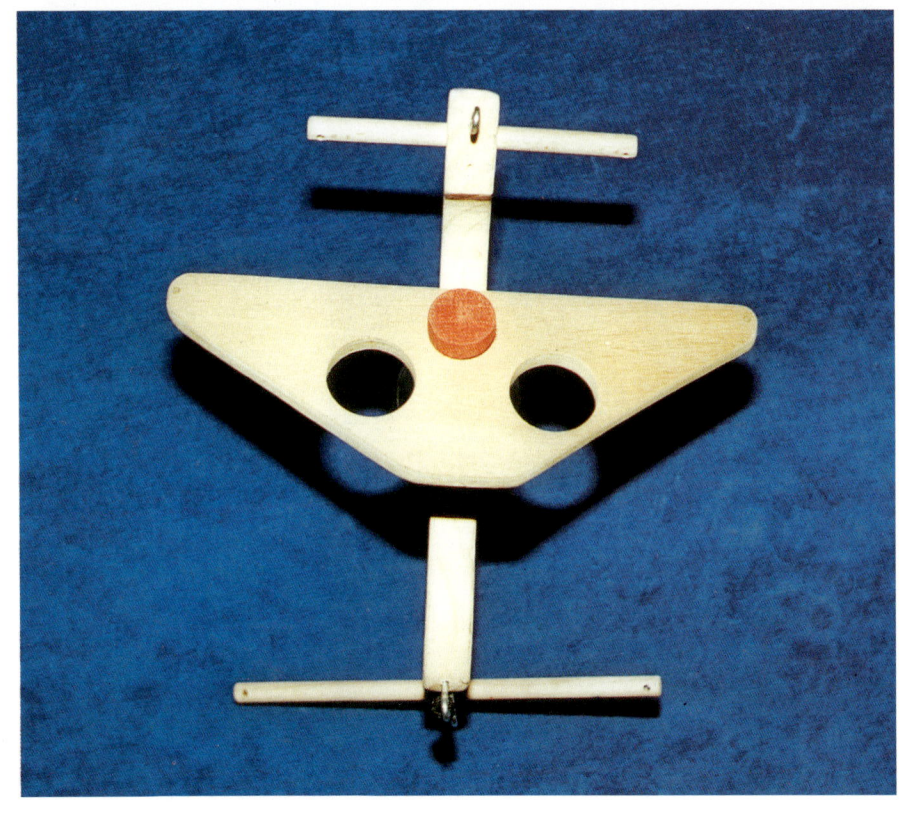

Fertiges Spielkreuz (Ansicht von unten).

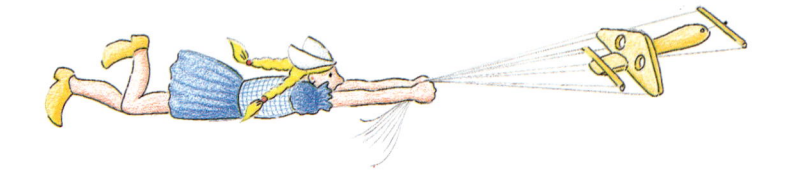

Schulterfaden an den Schulterschrauben befestigen.

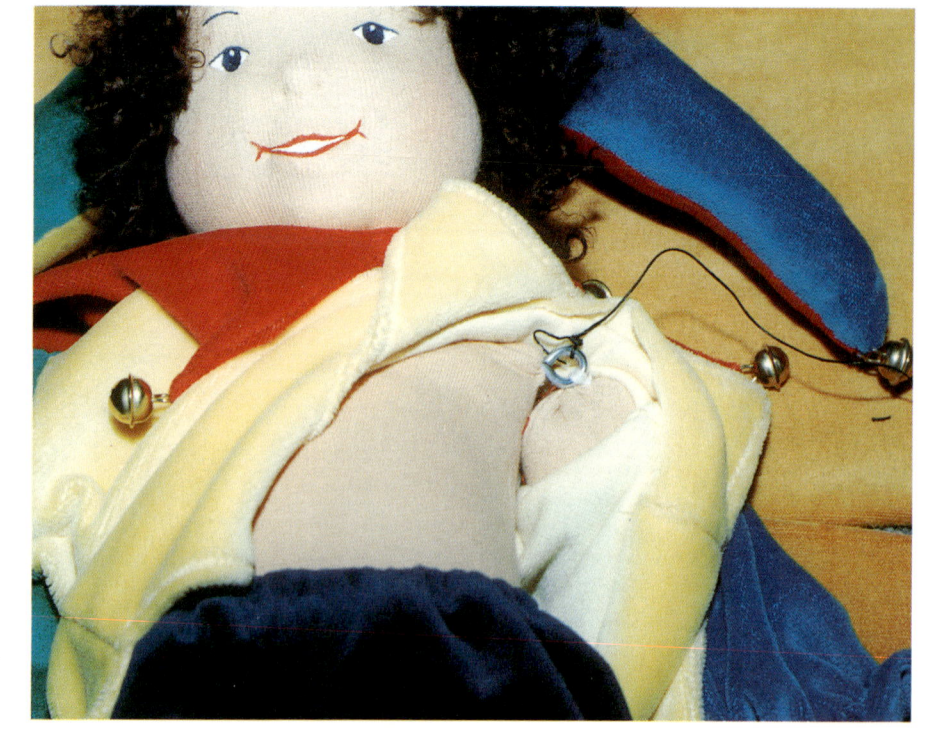

Als erstes befestigen Sie die beiden 70 cm langen Schulterfäden gut an den Schulterschrauben des Marionettenkörpers.

Führen Sie diese Fäden mit der Nähnadel durch die Kleidung nach außen und verknoten Sie sie links und rechts an dem freihängenden Rundholz (Punkt 1) des Spielkreuzes. Nach dem Verknoten an den Schultern und am Spielkreuz sollen die Fäden 46 cm lang sein.

Die beiden 80 cm langen Fäden für den Kopf vernähen Sie sorgfältig im Schläfenbereich. Danach verknoten Sie diese Fäden links und rechts an dem feststehenden Rundholz des Marionettenkreuzes (Punkt 2). Wenn Ihre Puppe einen Hut oder eine Mütze trägt, müssen die Kopffäden durch sie hindurch geführt werden. An den gespannten Fäden muß der Kopf gerade hängen.

Die 120 cm langen Fäden für die Beine versehen Sie jeweils mit einem Knoten. Stechen Sie im Kniegelenk von hinten nach vorne durch das Bein und durch die Kleidung nach außen. Befestigen Sie diese Fäden links und rechts an dem beweglichen Vorderteil des Spielkreuzes (Punkt 3).

Den 100 cm langen Hüftfaden führen Sie mit einer Nadel von hinten einmal um den Hüftstab herum und verknoten ihn im Rücken. Befestigen Sie diesen Faden sorgfältig an der hinteren kleinen Ringschraube des Spielkreuzes (Punkt 4).

Nun müssen Sie noch den Faden verarbeiten, mit dem die Hände bewegt werden.

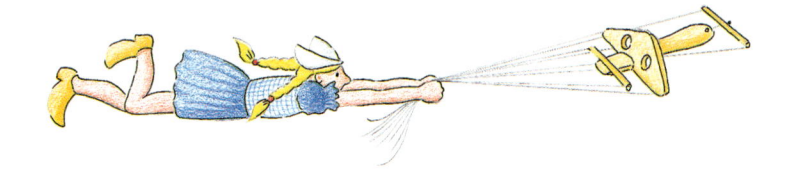

Richtige Haltung des Spielkreuzes mit der Marionette: von vorn ...

... und von der Seite gesehen.

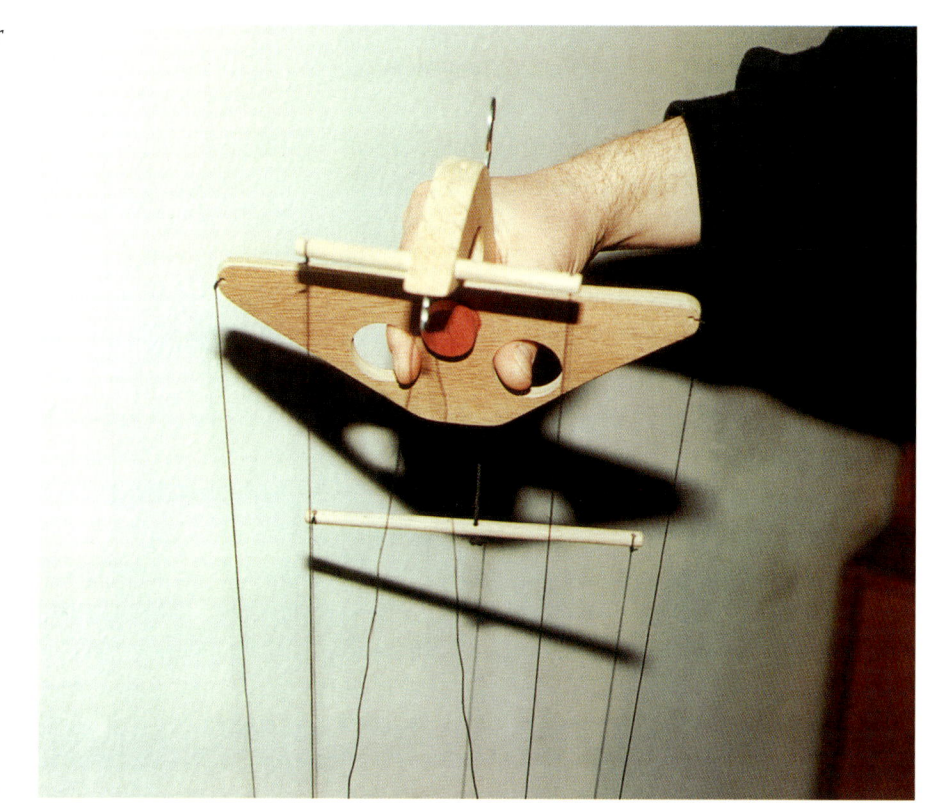

Er wird an einem Ende mit einem Knoten versehen und mit der Nähnadel von einer Handfläche der Puppe zum Handrücken durchgestochen, und zwar zwischen Daumen und Zeigefinger, weil man sonst die biegsame Handeinlage trifft. Vom Handrücken führen Sie den Faden durch die vordere Ringschraube des Spielkreuzes (Punkt 5) zur nächsten Hand, wo Sie vom Handrücken zur Handfläche durchstechen und das Fadenende sorgfältig verknoten.

Ihre Marionette ist nun spielfertig aufgehängt. Um sie zu bewegen, fassen Sie den Handgriff von oben her mit der rechten Hand und führen Daumen und Zeigefinger durch die Öffnungen im vorderen, beweglichen Teil des Spielkreuzes.

Wenn Sie es hin und her bewegen, beginnt die Marionette zu laufen. Ziehen Sie mit der linken Hand an einem der Armfäden, hebt die Puppe grüßend die Hand. Durch Neigen des Spielkreuzes nach vorne verbeugt sie sich.

Mit ein wenig Übung werden Sie bald Ihre Marionette zum Leben erwecken.

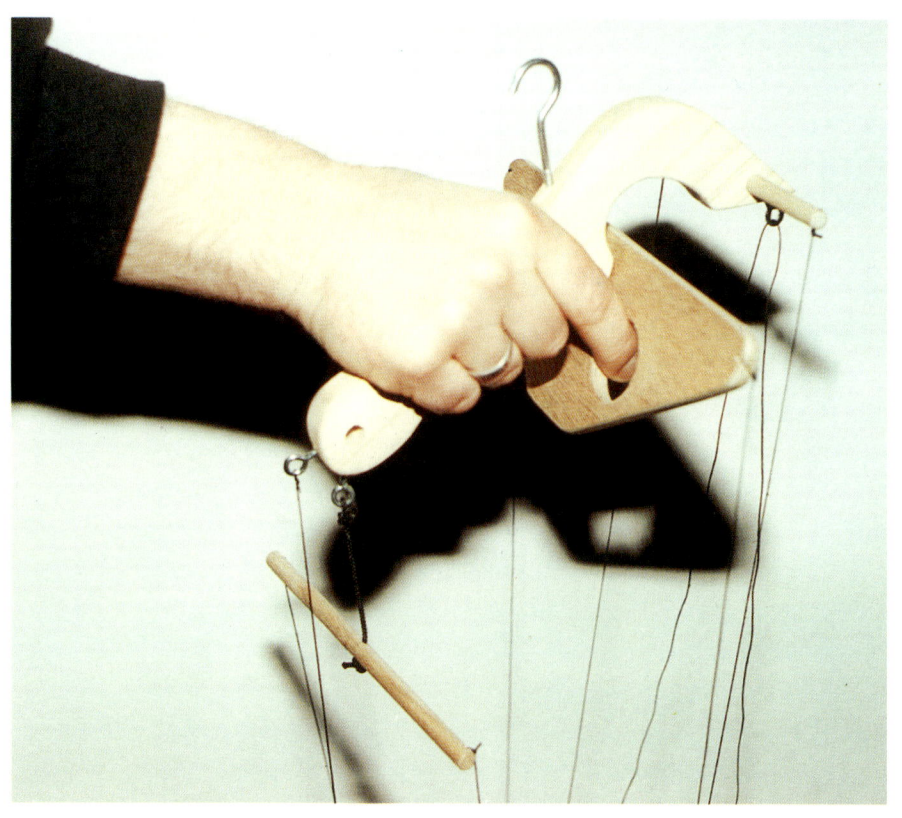

Das Spielkreuz

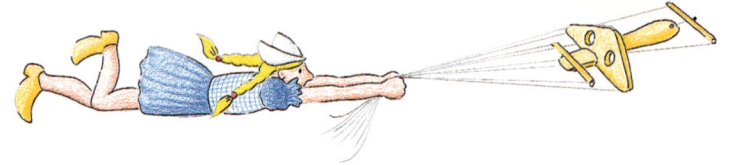

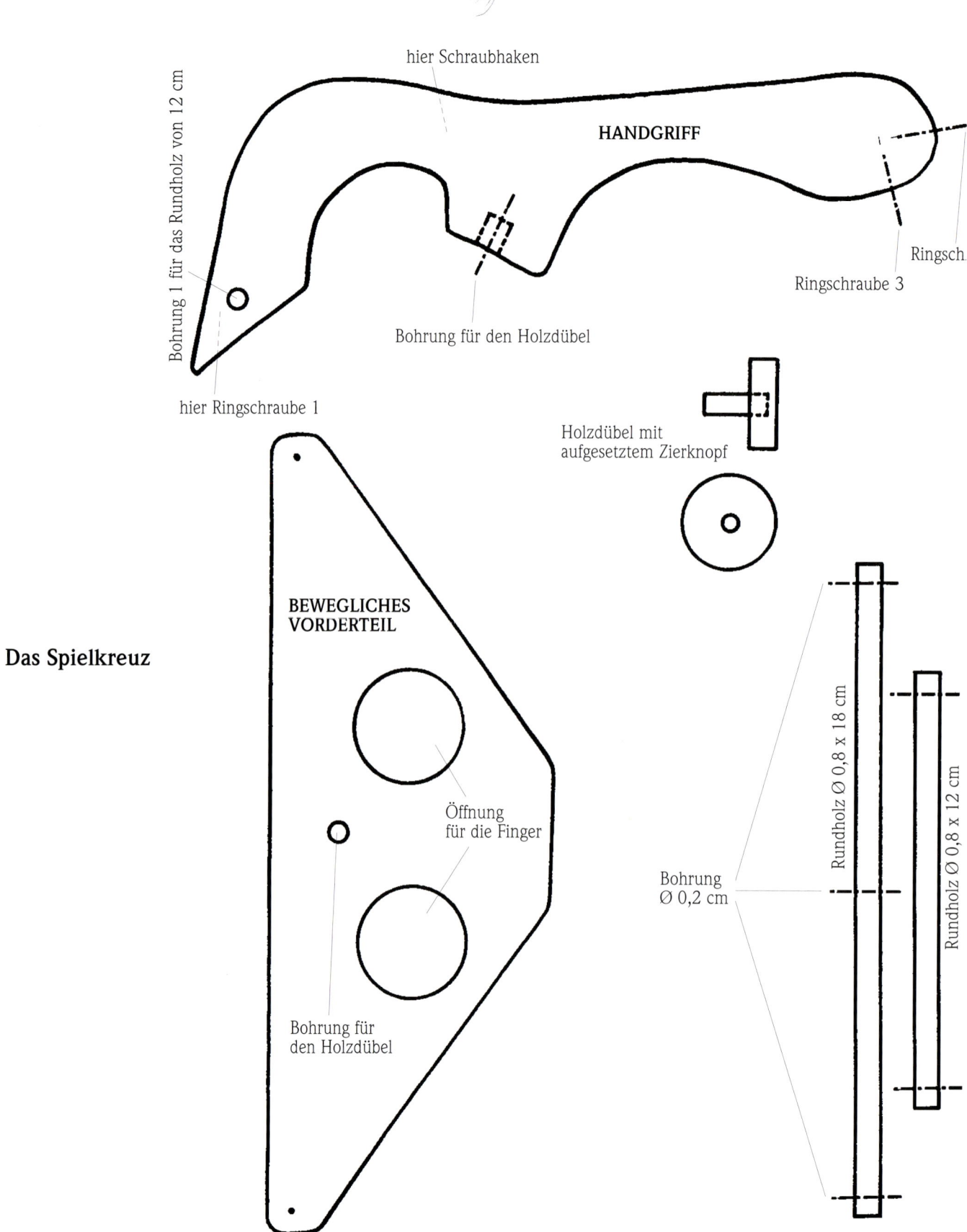

HANDGRIFF

hier Schraubhaken

Bohrung 1 für das Rundholz von 12 cm

hier Ringschraube 1

Bohrung für den Holzdübel

Ringsch.

Ringschraube 3

Holzdübel mit aufgesetztem Zierknopf

BEWEGLICHES VORDERTEIL

Öffnung für die Finger

Bohrung für den Holzdübel

Bohrung Ø 0,2 cm

Rundholz Ø 0,8 x 18 cm

Rundholz Ø 0,8 x 12 cm

54

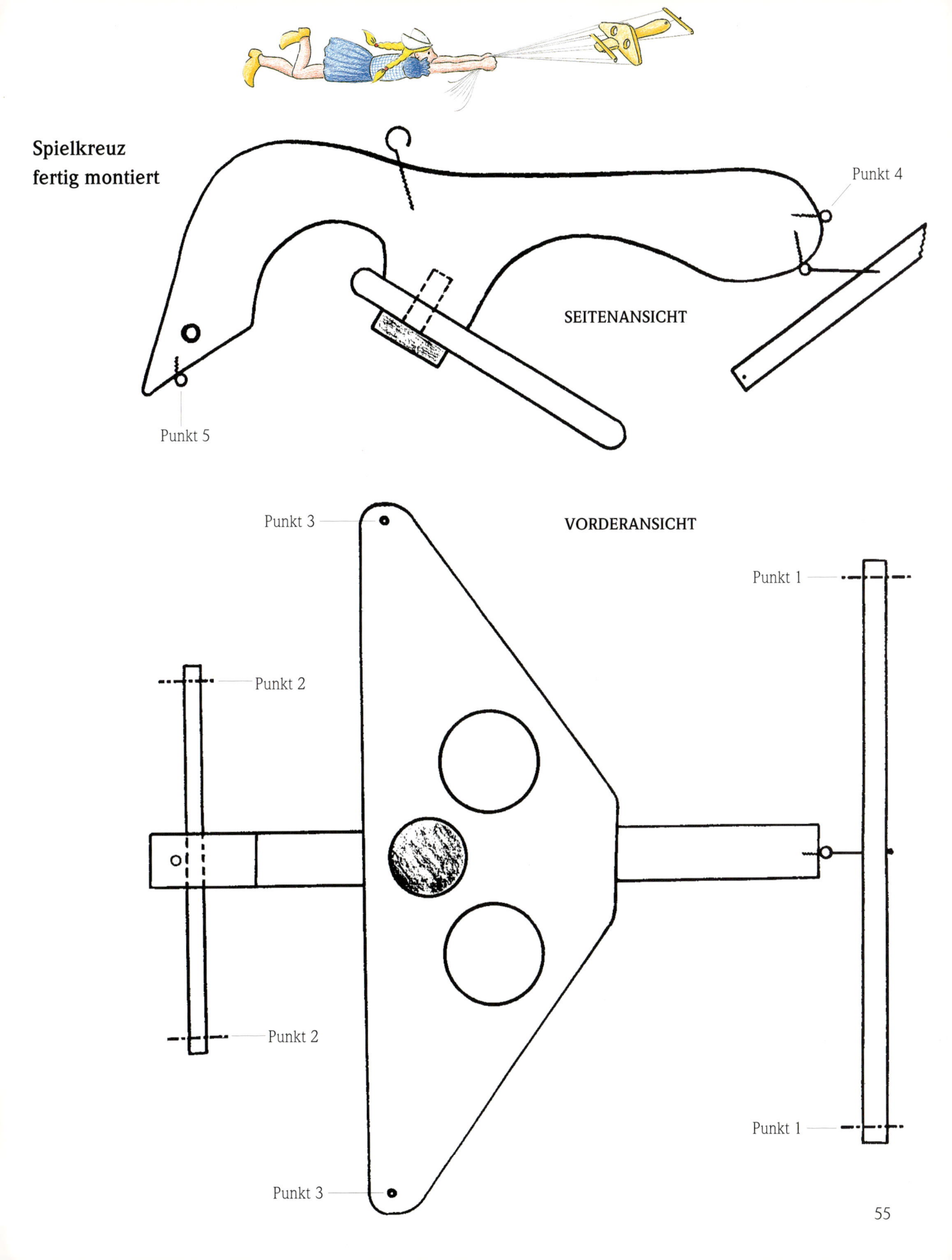

Spielkreuz fertig montiert

Punkt 4

SEITENANSICHT

Punkt 5

Punkt 3

VORDERANSICHT

Punkt 1

Punkt 2

Punkt 2

Punkt 1

Punkt 3

55

Die Deutsche Bibliothek
– CIP-Einheitsaufnahme
Liebenswerte Stoffmarionetten:
Schritt-für-Schritt-Anleitungen;
Aufhängetechnik – Schnittvorlagen/Ingrid Gessner.
– Augsburg: Augustus-Verl., 1996
ISBN 3-8043-0386-2

Das Werk einschließlich aller seiner Teile ist urheberrechtlich geschützt. Jede Verwertung außerhalb des Urhebergesetzes ist ohne Zustimmung des Verlages unzulässig und strafbar. Das gilt insbesondere für Vervielfältigungen, Übersetzungen, Mikroverfilmungen und die Einspeicherung und Verarbeitung in elektronischen Systemen.

Es ist deshalb nicht gestattet, Abbildungen dieses Buches zu scannen, in PCs oder auf CDs zu speichern oder in PCs/Computern zu verändern oder einzeln oder zusammen mit anderen Bildvorlagen zu manipulieren, es sei denn mit schriftlicher Genehmigung des Verlages.

Die im Buch veröffentlichten Ratschläge wurden von Verfasserin und Verlag sorgfältig erarbeitet und geprüft. Eine Garantie kann dennoch nicht übernommen werden, ebenso ist eine Haftung der Verfasserin bzw. des Verlages und seiner Beauftragten für Personen-, Sach- und Vermögensschäden ausgeschlossen.

Jede gewerbliche Nutzung der Arbeiten und Entwürfe ist nur mit Genehmigung von Verfasserin und Verlag gestattet.

Bei der Anwendung im Unterricht und in Kursen ist auf dieses Buch hinzuweisen.

Fotografie: Die Arbeitsfotos bis Seite 23 machte die Verfasserin. Annette Hempfling, München fotografierte die Bilder von Seite 24 bis zum Buchende.
Zeichnungen: Den Kleinen Harlekin zeichnete Marianne Blaton, die Werkzeichnungen auf den Seiten 54 und 55 die Verfasserin.
Lektorat: Günter Wiegand, Wiesbaden
Umschlaggestaltung: Christa Manner, München
Umschlagfoto: Annette Hempfling, München

Layout: Anton Walter, Gundelfingen

AUGUSTUS VERLAG AUGSBURG 1996
© Weltbild Verlag GmbH, Augsburg

Satz: Gesetzt aus 9,5 Punkt Weidemann Book
in Quark-X-Press von Walter Werbegrafik, Gundelfingen
Reproduktion: G.A.V. Gerstetten
Druck und Bindung: Appl, Wemding

Gedruckt auf 120 g umweltfreundlich elementar chlorfrei gebleichtes Papier.

ISBN 3-8043-0386-2
Printed in Germany